U0033093

# 焦慮的投資人

戰勝恐懼、貪婪、希望和無知，
充分利用金錢創造財富

SCOTT NATIONS

史考特・納遜斯——著

徐文傑——譯

# THE ANXIOUS INVESTOR
## MASTERING THE MENTAL GAME OF INVESTING

納遜斯的建議有根據，而且很實用，還有大量的研究支持，讓讀者可以學到很多東西。新手或老練投資人都會發現這本書值得一看。

　　　　　　　　　　　　　　　　　　　——《出版人週刊》


　　作者史考特‧納遜斯承認一件事：投資很可怕、有風險，投資的環境也是一個沒有承諾的地方。史考特身為金融工程公司納遜斯指數的董事長，曾為選擇權交易員撰寫技術書，也是CNBC的特約撰稿人。他在整個職業生涯中研究股市波動性，這本書以歷史上的好壞例子，教導讀者如何透過明智的投資，充分利用自己的錢。這是財務素養的重要指南。

　　　　　　　　　　　　　　　　　　　——CircleAround

# 前言
# 焦慮的投資人

撒旦正從地表上緩緩升起，他拿著長叉戟，要來奪取更多靈魂，尤其有個靈魂幾乎在他的掌握之中。在他上方，一根繩子從天花板上吊起一具空棺材，這個重物使繩子繃得緊緊的。棺材的一側即將印上這具棺材預定主人的名字，那就是撒旦的獵物：希特勒。這場假裝爭奪希特勒不朽靈魂的戰爭，並不是發生在柏林或巴伐利亞，而是出現在愛荷華州一家百貨公司的一樓。

楊克兄弟百貨公司比同一州第二大百貨公司還大上幾倍，它占據德斯莫恩市中心一整個區域，銷售男裝、女裝和童裝，以及家具、室內陳設和個人物品。對於首都的旗艦百貨公司而言，它可說是先進。楊克兄弟百貨公司在 1934 年安裝空調，並在 1939 年安裝州內第一台電梯，當地人稱為「電動樓梯」。同一年，希特勒在歐洲發動戰爭。

兩年後美國參戰時，楊克兄弟百貨公司的一切都改變了。定量配給和商品短缺導致貨架上的品項更少。儘管如此，這家百貨公司還是敦促愛荷華人履行戰時的責任，提醒他們每次造

訪時都要完成這項職責。他們受邀到店內的「自由廳」觀看一張地圖，這是號稱愛荷華最大的地圖，描繪所有戰爭前線的近況。他們可以聽到具教育性的演講，並買東西給在海外的駐軍。楊克兄弟提供「推薦送給士兵禮物」的實用清單，包括腕錶、鋼筆、文具，以及煙具。購物的人還可以在那裡買進戰爭債券。[1]

美國在第二次世界大戰花掉 2,960 億美元，以今天的幣值計算大約 4 兆美元，其中有超過一半來自 1941 至 1945 年間發行的 7 次戰爭債券，這些債券供美國民眾投資。身為愛荷華最大城市的核心企業，楊克兄弟成為戰爭債券銷售中心。員工銷售債券，順便銷售腕錶和鋼筆，而且在所有楊克兄弟的員工中，有 97％的員工透過薪資扣除計畫投資在這些債券上。如果把銷售給顧客和員工的債券金額加總來看，楊克兄弟在每次的債券發行中，至少銷售價值 50 萬美元的債券。這家百貨公司有一名鞋匠是希臘移民，他有個兄弟在美國海軍服役，光是他就賣出價值 209,675 美元的債券。[2]

出售戰爭債券的美國企業，都會得到美國政府在行銷上的協助。在一次債券發行中，楊克兄弟前門的核桃街上擺滿搶來的德國武器。商店外面則停了兩輛美國陸軍坦克，購買債券的人之後可以乘坐其中一輛坦克。附近的標語則敦促買家「把一

顆炸彈送給你最喜歡的敵人」，德國或日本，任君選擇。而且身為人母的人購買債券還可以出錢幫忙製造炸彈，用飛機把炸彈送給山本。<sup>譯注</sup> 第三次戰爭債券的發行是要慫恿美國人「支持進攻」，在這段期間，每次的債券銷售都讓楊克兄弟更接近目標，商品櫥窗的布置人員會把希特勒的棺材放低一點，更接近站在標誌旁邊那個貪婪的紙製撒旦，央求購買東西的人「幫我們埋了希特勒」。只有在全球性的戰爭中，伴隨著激情與情緒的釋放，撒旦才能成為致力銷售投資商品員工的盟友。

## 行為偏誤決定投資績效

　　楊克兄弟百貨公司和美國財政部偶然發現投資的基本真理。他們藉著引發投資人的情緒來銷售戰爭債券，而不是宣揚這些戰爭債券是有價值的金融投資標的。為什麼呢？因為儘管我們擁有現代化、可學習，以及以市場為中心的技術，激情和情緒仍是投資最重要的面向。學習、理解和解釋自己的行為癖好，甚至會比飆升的多頭市場更能改善長期投資表現。投資人也可能因為做更多的事情來破壞投資表現，這種情況比歷史上所有空頭市場（熊市）與崩盤造成的破壞更大。

　　很多經濟學家在過去幾十年告訴我們，人類在 100％的時間裡完全是理性的，這是很荒唐的想法。300 多年來，可以看

出有些時間的投資人並不全然理性，有時甚至還離理性非常遙遠。投資泡沫和股災就是最明顯的例子，不過每個人都可以想到自己對金錢不理性的時候——就像一些在楊克兄弟百貨公司的愛荷華人。

當我們的情緒很強烈，而且幾乎是無意識地做出直接反應時，即使沒有參與世界大戰，這樣的行為癖好和個人風格最有可能破壞我們所謂的理性財務計畫。在本書中，我會探討投資人因為行為偏誤所做出的蠢事，因為人人都會受制於這些行為偏誤。你會了解為什麼在感覺到空頭市場壓力（大盤至少下跌20％）的時候，我們最有可能屈從在這些偏誤之下。這導致在事情已經很糟，我們又可能無法承受的時候，自己的偏誤會造成最大的損害。我會檢視這些偏誤，並把它們放在 3 個股市泡沫和崩盤的背景下討論，這樣你就可以了解它們在當時看起來多麼合理。接著我會在沒有歷史背景下探究每個偏誤，藉此充分了解這些偏誤，並學習如何避免過去投資人犯下的錯，因為任何人在投資時表現出的行為偏誤，恐怕都不會產生更好的報酬表現，或是讓風險降到最低。

譯注：山本（Yamamoto），指第二次世界大戰期間擔任日本海軍聯合艦隊司令長的山本五十六。

本書的編排圍繞著這些錯誤：總共有 15 個，只想看總結的讀者也可以在本書的最後找到一份清單。但首先，我會藉由觀察在金融史上 3 個特別具有破壞性、也格外有啟示性的事件中投資人衝昏頭的經歷，檢視這些錯誤。

第 1 章〈恐懼〉仔細分析第一次金融泡沫與隨之而來的崩盤，以及兩個最詭詐的行為偏誤。第一個偏誤是處分效應（disposition effect），這是指投資人會表現出一種傾向，那就是賣出有獲利的投資標的，並保留沒有獲利的。投資人試圖打著有紀律的耐心與不貪的旗號，掩飾這種處分效應。這樣做只會損害你的投資報酬。再來你還會認識到與損失趨避（loss aversion）相關的事。儘管想要避免虧損是合乎邏輯的，但是有些投資人會做得太過頭，拒絕去做對自己有益、可以獲利的投機活動，這是因為損失帶來的痛苦遠大於獲利產生的愉悅。你還會發現性別對投資決策的影響，以及投資的社會層面如何阻礙成功，當然，今日的社會層面是如此，300 年前的社會層面亦然。

在第 2 章〈非理性〉中，你可以從觀察過去 100 年來最大的股價泡沫來學習：2000 年 3 月達到最高潮的網路股泡沫。網路看來正在改變我們的生活，它也的確如此。但是有些人認為，不論是什麼原因造就這些公司，網路都會以一種特殊

的方法來改變他們的生活，而且這些公司充滿魅力的創辦人是如此特別地影響著他們。不過這並沒有發揮作用，而且我們會學到，隨著價格崩跌，這樣的魅力最終會被厭惡所取代。我會告訴你，當試圖為一檔股票的價值做出合理的估計時，完全不相關的數字是如何成為內心的定錨點。你也會了解在這 10 年中引進的技術如何使投資變得更為困難，並沒有更容易，以及大量的資訊如何僅僅因為某些股票出現不尋常的變動，或是異常高的交易量而引起我們的注意。這兩件事可能值得媒體來報導，但是當投資人只考慮這些容易想起、記憶中的投資構想時，最後的投資組合就只會擁有最具有新聞價值的股票，而不是最好的股票。

第 3 章〈複雜性〉檢視 2008 ～ 2009 年的經濟大衰退，它提醒我們即使之後的情勢似乎顯而易見，也不可能預見未來。這種後見之明偏誤（hindsight bias），也就是我們只因為事後回顧起來實在歷歷在目，就認為能預見即將發生的事情，這種信念讓投資人過度自信，認為可以提前預見下一場災難發生。但投資人是無法未卜先知的。你還會了解到，儘管我們的世界變得更複雜，但複雜性本身只會令人困惑，導致許多投資人希望其他人提供線索，告訴他們該做什麼事。因此而產生的從眾效應在時機好的時候會把股價拉得太高，在股市面臨壓力時則會

把股價壓得太低。也會認識到投資人在碰上意外或戲劇性事件時過度反應的相關現象，還會了解到我們對於新聞與自身財務的關注是一種稀有性的資源，有時只是因為我們專注在投資標的能產生的最佳結果，就導致注意力因此枯竭。

涉及金錢時，情緒會讓人做出奇怪的行為。當壓力增加時，比如當投資標的價值被股市崩盤或空頭市場摧毀時，我們的嚴謹自律很有可能會在那時被沒有意識到的行為癖好所取代。我的目標是，藉由關注在泡沫期間和隨後幾乎不可避免的空頭市場讓人失去理智的時候，成為更好的投資人，不過在這種時刻，想要成為一個平凡的投資人也很困難。

像這樣的時期，是我們可以做出一個真正、長期差異的時候，不過行為癖好會在我們需要有最好表現的那一刻，對自己不利。那時有更好的長期報酬真的很重要，或許這樣的報酬不是很好，但還是會比同行更好。了解我們在那個時刻的行為缺點會有幫助。對於一個表現不錯的投資人來說，這並不困難，市場會為你做很多工作。1896 年 5 月 26 日投資在道瓊指數的 1 美元，到了 2021 年底會成長到 887.60 美元。如果我們排除這些阻礙，就可以享受優異的報酬，即使是在市場似乎處於最糟糕的時候。

市場處於最糟糕的時刻是不可避免的。截至 2022 年初，

美國的股市從第二次世界大戰結束以來，已歷經 12 次的空頭市場。有些情況是股市重挫，像是 2008 年房地產市場崩盤後緊接而來的經濟大衰退，可以看到股市下跌超過一半；有些情況會持續好幾年，像是 2000 年網路泡沫破滅之後的情況。幸運的是，有些情況持續的時間比較短，對投資人造成的痛苦比較小。無論對於績效表現有多大的破壞性，我可以肯定的說，空頭市場會頻繁發生，大約每 6 年就會經歷一次。

我們已經開始意識到偏誤，而且驚異於自己會上當，但這是第一次在最糟糕的股市背景下檢視這些偏誤。到目前為止，它們一直是在沒有金錢損失或退休風險的無菌教室中進行學術研究的對象。我們要在空頭市場和股市崩盤這種真實的環境中研究它們。有很多書會寫到如何藉由檢查一家公司的基本面，或是透過剖析公司的資產負債表、比較競爭對手的本益比來投資。還有些書則會提到如何破解股價走勢圖隱含的意義，這些股價走勢圖有著古怪的曲線，有些稱為「頭肩頂」（head and shoulders），或是「杯碟形」（cup and saucer）。但是很少有人寫到為什麼執行自己的投資計畫會如此困難，而且只是因為時局困難就很容易讓事情脫軌。這就是我要檢視的內容。很少有地方會像芝加哥交易所的舊交易大廳那樣暴露出這些偏誤，我 10 多年來擔任大廳裡的交易員，親眼目睹並親身經歷到每一

項偏誤。在接下來的章節裡，你會從這些經驗中受益。

這種分析有時會讓人不悅，因為大多數的讀者會在我討論的錯誤中看到自己，但這就更有理由討論它們。把過去虧掉的錢當成學費，把這本書傳授的見解想成是你的文憑。

第 1 章

# 恐懼

FEAR

現在他是老人，從沒長高過。出生時他又小又瘦，估計活不過一天。但到了 78 歲的時候，隨著年齡增加，他已經駝背。他異常小的腦袋並沒有讓身高增加，但是及肩的灰白頭髮卻隱藏令人敬畏的智慧。

他的名字幾乎可以肯定是艾薩克，儘管有些人說他的名字可能是勞倫斯，而且少數人在沒有太多的證據下說他的姓是詹姆斯。我們要說的故事是從讓許多人經歷到一場轉變的 1720 年開始，在這之前的 25 年，艾薩克從學術界轉向金融界發展，累積可觀的財富，因此我們知道他在倫敦的生活相當優渥。1696 年，他被任命為英國皇家鑄幣廠的總管，其中一項職責就是調查和起訴製造偽幣的人，在他任職期間，至少有 20 多人因為犯罪而被處死。1699 年，他被提拔為皇家鑄幣廠廠長，每年的薪水和紅利有 2,000 英鎊，相當於今天的 200 萬美元，大約是他在大學任教時收入的 20 倍。他沒有孩子，也從未結婚，但是他在姪女的照護下維持一個舒適的家庭生活。

在擔任鑄幣廠廠長超過 20 年後，艾薩克在 1720 年的淨資產大約是 3 萬英鎊。就像很多和他同年齡的富豪一樣，他的投資很保守。持有的大多數資產都是政府債券，以及少數幾家公開發行、大型穩健的公司股票，包括 1694 年由民間成立、擔任英國政府銀行家的英格蘭銀行，以及南海公司。

儘管南海公司這個名字是臆造的，但是這家公司卻展開一項單調、龐大又必要的業務。1711 年，在西班牙王位繼承戰爭期間，英國政府欠債權人與眾多外包商（確切人數並不清楚）大約 1,000 萬英鎊的債務（確切數字並不清楚），這些資金用來資助英國軍隊。當西班牙國王卡洛斯二世在 1700 年去世後沒有繼承人時，衝突就開始了。法國和大不列顛巧妙地把西班牙併入自己的帝國，10 多年來戰爭蔓延西歐各處，這是一場代價龐大的戰爭。

　　英國政府對於各種戰爭的資助一直都很隨意，因為儘管對外戰爭需要龐大的支出，它卻缺乏統一的預算和中央國庫。每個部門的借款和支出都按照自己認定的。此外，在數百公里外的多場對外戰爭前線很緊急，導致軍隊的補給官為了支應戰場上的軍隊，購買任何必要的物資都是用賒帳的，而且不論被索價多少，任何時候只要能找到就買。當戰爭艱難緩慢地接近尾聲時，已經有 40 萬人喪生，而英國已經花了 3,000 萬英鎊，10 年後還積欠債權人三分之一的費用。

　　南海公司在 1711 年以民間公司的形式成立，用來幫助政府解決日益嚴重的問題。這項計畫是讓持有政府債券的人把債務換成這家公司的股份，然後這家公司會收到政府付出的利息，並在保留一小部分後，將剩下的利息轉給股東。每一股都

代表價值 100 英鎊的轉換債務，而股東每年會收取 6 英鎊的利息。轉換少數債務的人，會得到部分股票。隨著利率改變，以及每年支付 6 英鎊的利息，股價在 100 英鎊左右變動，價值變得相對多一點或少一點，但是在轉換後的幾年內，南海公司的股價從沒偏離 100 英鎊太遠。

儘管公司保留利息的比例很小，但是把流動性低的個人借據轉換成可以交易的股票，對投資人來說有很大的吸引力。這筆交易也承諾要給英國政府好處，英國政府現在是要和南海公司這個單一最大的債權人打交道，而不是要跟數千名小債權人往來。政府預期這樣的安排會非常有利，因此急於盡可能讓很多債權人參與，所以同意讓這筆交易更吸引人，授予這家公司有潛在利益的南美洲貿易獨占權（因此稱為南海公司），而且在貿易中得到的任何獲利都會使付給股東的利息增加。

丹尼爾·狄福（Daniel Defoe）是知名的英國記者，發表過各種主題的報導，包括貨幣和金融的主題（儘管他在 1692 年破產，而且至少有 2 次進了負債人監獄）。[譯注] 在眾多因為南美洲貿易的交易獨占權而熱切看好公司前景的人當中，他是其中的典型代表。1711 年，他提到，南海貿易將「打開這種財富的礦脈，從這樣的財富中獲取報酬，因為在這幾年內，會讓我們得到彌補我們龐大開支更多的錢（原文照錄）」。儘管之

前遇到財務困境，但狄福和所有股東都希望屬於這家公司的船隻最終會把英國製造的商品送到南美洲海岸，並從玻利維亞、墨西哥和秘魯運回滿滿的黃金和白銀，把從政府收取利息並將利息轉發給股東的單調業務，轉變成專注在貿易壟斷、充滿活力的業務。

遺憾的是，這家公司的海外貿易從來就沒有賺很多錢。結束戰爭的同一項條約也限制英國與南美洲的貿易每年只有一艘貨船，即便如此，獲利也必須與西班牙的新國王分享。這家公司與南美洲的貿易唯一不受到干預的是「阿西恩托」（asiento），也就是從非洲進口奴隸的權利。儘管這件事有點荒謬，但這樣也沒有非常有利可圖。不過狄福最終在南海還是有很好的表現。1719 年，他以南美洲東北海岸為背景，創作出廣受好評的小說《魯賓遜漂流記》。

南海公司承諾的巨額財富泡湯，只能緩慢前行，花了近10 年的時間快活地專注在從王室手中收取利息，並轉發給股東。如果默默這樣做，這還是有利可圖的事業，因為英國政府有龐大的債務，而且在還款和避免戰爭上缺乏紀律，使得債務

譯注：負債人監獄（debtors' prison），給無法還錢的借款人進的監獄。

愈來愈多，因此南海公司總是有很多原料可以把這些債務轉換成股票。

1719 年，更多原料轉換的時間已經成熟。在西班牙王位繼承戰爭之前、與法國從 1688 年開始的 9 年戰爭甚至早就可以預見國庫耗盡，負債累累。1694 年，在英王威廉三世宮廷負責組織與監督賭博的皇室總管湯瑪斯‧尼爾（Thomas Neale）想到用「彩券貸款」來彌補資金短缺。彩券的價格是 10 英鎊，中獎號碼則是隨機選取。每個彩券持有者，每 16 年可以得到至少 1 英鎊的年金，而幸運的玩家則會額外得到 10 英鎊至 1,000 英鎊之間的年金。在一般勞工一年可能只能賺到 20 英鎊的時代，這可是龐大的意外之財。最初發行的彩券從銷售中募集到 100 萬英鎊，因此英國自然一次又一次的發行彩券。1703 年至 1715 年間，又從類似條款的彩券貸款借到 1,000 萬英鎊。

當然，尼爾發明彩券並不是為了要增加收入。《舊約》提到以隨機抽樣來分配土地，而且歐洲西北部沿海地區的地方政府，包括現代的比利時、盧森堡和荷蘭，早在 200 多年以前就已經發行彩券來資助公共投資。但是尼爾透過賭博工作已經了解有些民眾可能會有更墮落的衝動，因此他比過往的任何人都想得更遠。[1]

# 爲了尋求感官刺激而交易

你可能很容易記住對金錢不完全理性的時刻。儘管如此，經濟學家在 1950 年代掌握的理論架構假設，人依然是理性的，現今也還有許多人強烈抱持這種看法。這個概念可以很省事地擺脫經濟學大部分雜亂的計算問題，因為諸如特定的消費者偏好和凱因斯的「動物本能」等質化的議題，都可以讓位給純粹量化、非人性的方法。[2]

在 1950 年代以前的數百年來，人類的情感和脆弱一直是經濟學經典的一部分。在 18 世紀，有時被稱為現代經濟學之父的蘇格蘭經濟學家亞當·斯密寫的不是資本主義，而是包含人類利他主義健康成分的「商業社會」（commercial society）。160 年後，凱因斯成為第一個將動物本能的舊概念應用到經濟學上的人。他承認金融投機本身會導致「不穩定」，並繼續假設：「由於人性的特點，我們積極正向的活動大部分仰賴自發的樂觀主義，而不是數學的預期，因此不論是在道德、享樂主義或經濟上都存在不穩定。我們大多數做出的積極正向決定，其全部的後果都會在多日之後浮現，很可能都只能被視為是動物本能的結果。」凱因斯把動物本能定義為「一種自發的行動衝動，而不是無所作為，而且不是量化效益乘上量化機率的一

種加權平均值」。

　　皇家賭場老闆湯瑪斯‧尼爾充分理解這點。他會創造彩券貸款，是因為這樣的產品仰賴感官刺激的追求、情緒、希望和動物本能（想做點事而不是什麼都不做的衝動），來讓投資人掏出錢。

　　當我們的思考專注在某種全新、強烈的感官刺激，像是有可能獲利的一項賭注或投機行為時，大腦會釋出多種可以帶來幸福感受的化學物質，其中一種化學物質就是腎上腺素，它會增加心率，進而增加到達大腦的氧氣量。這會提高活力水準與精神集中度。另一個因為新的感官刺激而釋放的化學物質是多巴胺，有時也稱為「感覺良好」的神經傳導物質，有助於產生一般的幸福感和愉悅感。其他化學物質還包括腦內啡，可以緩解身體疼痛，並負責一些在運動後心情亢奮的感受。

　　我們很自然想要更多這樣的感覺，有些會產生這種感覺的活動是無害的，像是坐雲霄飛車、到異國旅行，或是看恐怖電影，不過有些活動顯然並不是無害，比如吸毒。有些活動則介於有害與無害之間，例如：飲酒和在股市上交易。

　　數十年來，經濟學家一直對每天產生的股票交易量感到困惑，理論上，股市會反映出任何股票在每個時刻的均衡價格。只有當公司的一些基本面發生改變，均衡價格才會改變，交易

才會產生。這種情況可能是宣布營收增加，或是新產品上市，但是這些事件並不常見。即使利率有更頻繁的變化，促使一些投資人改變他們對於一檔股票的價值評估看法，但理論上，這檔股票一年應該只會出現幾十次的交易活動。這些活動的出現，會圍繞每季的盈餘公告、其他公司的新聞、聯準會決議，以及失業率等總體經濟數據公布等事件。但是投資人每天交易數百萬次，交易量超過數十億股。相信人類純粹理性的經濟學家無法解釋這種交易，但如果這是由「自發性的行為衝動」或動物本能所驅動，那就很合理了。

解釋這種自發性衝動的一項學術理論提到，人類會尋求感官刺激，也就是追求新奇、強烈與多樣感受和體驗的傾向，這種傾向通常和真實或想像的實體或金融風險有關。除了雲霄飛車、恐怖電影和毒品之外，最典型的例子就是開快車或在賭場賭博。賭博贏的機率肯定對賭場有利，因此參與賭博唯一合理的理由，委婉說是「娛樂」，實際上就是尋求感官刺激。我們通常並不認為投資是娛樂或刺激的來源，但真的是這樣嗎？

一項標題為〈尋求感官刺激與避險基金〉的研究則調查避險基金經理人購買的汽車，發現很多基金經理人在購買汽車時會觸發尋求感官刺激的衝動。根據這篇研究的作者的說法，擁有高性能跑車的避險基金經理人會比同事承擔更多投資風險，

但是並不會產生相應的高報酬。更糟的是,高性能跑車的車主所管理的基金更有可能失敗。這些經理人偏好不尋常的投資策略,像是投資在增值機率低的高風險股票,或是更貼切的稱法是「像彩券」的股票,而且他們會更常交易。具體來說,開跑車的避險基金經理人比開休旅車的避險基金經理人承擔的風險高 11%。如果你正在尋求刺激,又極力要得到最佳的投資報酬,這樣的決定就很合理。

一項對 1995 年至 2002 年芬蘭散戶的駕駛模式研究顯示,接到超速罰單的人更可能進行股票交易。在這項研究中,每個收到超速罰單的人交易股票的數量增加將近 10%。[3]

對交易和尋求感官刺激的關聯,也許最好的證明就來自亞洲。2002 年 1 月,台灣推出三種「公益」彩券,包括刮刮樂、一週開獎兩次的電腦彩券,以及平均兩個月開獎一次的傳統彩券。[譯注] 在一個熱愛賭博但仍然取締賭場的國家,這被視為無害的樂趣。當這些彩券發行時,台灣股市的交易量下降 25%。[4]

為了娛樂而交易股票,自然會讓一項遊戲有樂趣。投資不應該被視為一種磨難,但是為了刺激而投資的散戶可能不太成功。尋求感官刺激的交易者並不瘋狂,他們只是在玩不同的遊戲,而不是深思熟慮、試圖為孩子的教育或自己的退休生活提

供資金的投資人。尋求感官刺激的交易員追求的是大腦釋放出的特定化學物質，而不是財富的長期累積。

投資人應該自問是否有想在股市上賭博的傾向，並為了感官刺激而交易。如果他們是這樣，他們應該記住凱因斯的名言：「對於完全擺脫賭博本能的人來說，投資遊戲是難以忍受的無聊與過度苛求，而擁有賭博本能的人則必須為這種傾向付出相當的代價。」[5]

## 金融工程造成投資人決策混亂和犯錯

湯瑪斯·尼爾的彩券貸款是以投資的合法性為幌子，但是由於這種賭博的快感，讓他們募集到許多的資金。彩券貸款的愉悅感，以及對於獲得其中更大獎項的期望，導致一些人過度擴張信用。但是這個彩券至少付給持有人高利率，彌補這項貸款是給付非流動性年金，而非一次支付總額的事實。

由於這樣的快感只是遙遠的記憶，而且是政府在很久以前花的錢，因此尼爾的彩券貸款所產生的長期累積債務，是另一個可能影響南海公司的問題。

譯注：當初推出時預計一年開獎 6 期，分別是春節、婦幼節、端午節、七夕、中秋節及元旦。

1719 年彩券貸款的轉換甚至比早期的做法更為成功，當中包括西班牙王位繼承戰爭最初的債務轉換。藉由把年金轉換為易於交易的股票，政府能降低其必須支付的利率。同時，債券持有人得到出售自己股票、收回現金的彈性，而不是等待年金給付。

　　這些改進並沒有被忽視，當股票交易員因為吵鬧而被趕出倫敦的皇家交易所時，他們開始聚集在附近的公眾咖啡館，例如：喬納森咖啡館和加拉威咖啡館，都在交易弄上，這是一條像迷宮的人行道，面向交易大樓，與康希爾街、倫巴底街和伯欽巷連接。這三條街圍出一個不對稱三角形區域，當中充滿證券交易商和銀行，為咖啡館交易員提供現成的客戶，為投資增加一個全新的社交因素。有個倫敦人觀察到：「住在倫敦的人，或許，在工作日的每個中午和晚上，到喬納森咖啡館，去看看大多數公司的股價是多少。」突然之間，投資既惹人注目，也是一種社交活動。一般投資人（至少那些不是不合理擁有 10 英鎊的人，以及經常光顧咖啡店的朋友），開始聽說債務已經成功轉換成南海公司的股權，以及這家公司的光明前景。[6]

　　投資人不必到交易弄和該處的咖啡館獲取最新的股市消息。相反的，他們轉向一種新奇的東西：獨立媒體。到了 1719 年，數百份報紙和偶爾會定期發行的小冊子都在爭奪讀

者群，而且沒有訂閱這些報章雜誌的人，都可以在遠離交易弄的咖啡店裡聽到有人在大聲朗讀這些新聞。有幾家報紙專注在財經新聞的報導上，每天公告最新的股價，其中最重要的就是南海公司的股價。

投資人一直知道他們現在流通的股票價值，這項能力與無法知道非流通的彩券貸款年金確切價值的時代，形成全新又深刻的對比。同樣的，投資人在今天很容易就可以知道股票投資組合的準確價值，只要登入帳戶就好。相較之下，除了大概估計以外，你不可能知道你家的價值。精確評估持股的價值，並觀察每天價值的改變，以前所未有的方式為投資注入情緒和即時性。這種精確性也使散戶過度自信地認為自己有能力懂市場、預期可以得到的獲利，以及實現這樣的獲利。

在創立南海公司，以及投資人有能力把債務換成股票之前，投資人無法確定自己持有的東西目前的價值是多少，但是這並不重要，就像如果你計畫在家裡再生活 10 年，你家目前的價值就相對不重要一樣。沒有流動性，意味著投資人基本上被迫持有年金，並收取年金利息。南海公司首次解決這種不確定性，不只會知道任何特定時刻的股票價值，現在還可能在那個價格買進或賣出。這自然讓人想知道下個月或明年有哪些股票可能有價值。

這種不確定性在具體形式上是新的，不過在一般概念上是古老的，今天我們會稱它為「Risk」（風險）。這個英文字來自義大利文的 rischio，通常有負面的意涵，因為它有危機或危險的意思，但是也指可能產生高額報酬的冒險。風險本身顯然並不新鮮，但是這種即刻知道當前和未來價格的財務焦慮，對投資人來說絕對是新奇的，而且它釋出一些潛意識的偏誤和行為，這些偏誤和行為又往往在不確定性下主導投資人的決策。

當投資人開始考慮未來價格，而不是與經濟價值的關係時，目前的價格就會成為定錨點。投資人在估計未來的價值時，會開始更重視目前的價格，而不是更長期、基準利率時的價格。他們開始尋找並發現價格模式，即使這個模式並不存在。甚至南海公司這個公司名稱還喚起財富和浪漫的情緒。

也許這是有史以來第一次，金融工程會讓一般投資人相信自己已經解鎖一個有價值的工具，但是這樣做，可能就使一般投資人出現決策混亂和犯錯。

## 考慮風險的有效方法

1720 年以前的南海公司，只是像艾薩克這樣的 78 歲老人應該擁有的穩定投資標的。很無趣，但是收入還不錯，而且很容易理解錢是如何賺到的。投資人明白，與南美洲貿易的壟斷

權價值並不高，而且股票價格反應出這樣的現況，但是如果有密謀的事件，還有與西班牙的關係升溫，股票可能會變得更有價值。1720 年的密謀事件確實使南海公司的股票變得非常有價值，儘管這個事件與南海或西班牙無關。

甚至在艾薩克聽過南海公司之前，投資人就已經苦苦思索要承擔風險的構想，以及自己應該承擔多少風險。沒有人可以確定你適合承擔的風險程度，因為每個人的情況都不同，而且一般的概念是說，隨著投資時間變得更短，要承擔的風險就要更少，這雖然正確，但很模糊，以至於幾乎沒有提供實質的幫助。考慮風險的一種有效方法是將個人的「**容忍度**」（投資人願意承擔的風險程度）與「**能力**」（或是說投資人能夠承擔的風險程度）拿來比較。這是兩種非常不同的概念，而我們最常考量的是容忍度，容忍度的核心概念是，我們在最焦慮、也就是正處於空頭市場或崩盤的時候，能忍受的程度。影響容忍度最大的事情並不是市場下跌多少，而是投資人多容易受我們討論的行為偏誤影響。

因此，當你要定義風險容忍度時，請先查看本書後面的偏誤檢測表，並回答裡面提出的問題。你抵擋得住偏誤嗎？抵擋不住的偏誤有多少？藉著分析你在投資生活中所處的位置，就可以開始回答或許可以容忍多少風險的問題，但是下一步應

該是誠實檢測你多容易受這些偏誤影響。如果你不受它們的影響，就可以承擔更多風險，因為你不會因為空頭市場的壓力而對自己施壓，破壞自己的投資績效。如果你很有可能因為它們而成為犧牲品，那麼應該承擔較小的風險，因為這可以防止你陷入巨大損失之類的情況，這些偏誤在這種時候可能會對投資表現造成特別嚴重的損害。

　　一個例子是損失趨避。如果你能夠避免在底部認賠賣出所有部位，那麼就可以避免損失趨避，而且擁有適合自己風險容忍度的投資組合。但是，如果你不能自律，又傾向在底部賣出股票，那麼應該調整自己的風險，這樣就不太可能投降。處分效應（disposition effect）也是如此，如果你往往會在市況不好的時候賣出賺錢的標的，只是為了得到一些好消息，那就應該承擔較少的風險。我們會很快了解這兩種偏誤。

## 南海公司的實際價值沒有人知道

　　就像許多新穎的金融發明一樣，這種從非流動性的債務轉換成流動性的股票成效相當好。在 1720 年，英國政府將公債轉換成民間公司股票的政策推到極致。1 月，英國議會開始考量更大規模的轉換。這筆轉換的總額將近 3,100 萬英鎊，英國政府剩餘的大多數債務都還沒償還，而且這一次的議會允許這

家公司除了以現有的債務轉換成股票以外，還可以銷售額外的股票來取得現金。結果是使支付給股東每一股的利率降低，但是這家公司承諾會用額外的現金來進一步提高盈餘。這對公司有好處，而且也有必要。

1720 年，英格蘭銀行還是一家國營的股份公司。雖然它是英國政府和其他銀行的銀行機構，但還不是這個國家的中央銀行，而且直到 1946 年都不受政府控制。看到南海公司之前將債務轉換成股票是這麼有利可圖，英格蘭銀行決定參與這項轉換債務的授權競爭。競爭意味著南海公司需要藉由銷售額外的股票來變現，用來支付給政府 750 萬英鎊的特許經營權，並支付必要的賄賂費用來贏得這項合約。大量的現金和股票支付給眾多政府雇員與國會議員，把整個企業原本嚴肅古板的面貌變得卑鄙而輕率。

當議會在爭論最新的債務轉換議案時，這家公司的董事和朋友大力讚揚南海公司的股票，他們散布謠言說公司與西班牙的關係正在改善，而且西班牙國王腓力五世想要用西班牙在南美洲西海岸擁有的港口，交換直布羅陀和地中海上梅諾卡島的馬翁港，這兩個港口都曾在西班牙王位繼承戰爭期間被英國奪走。其他謠言則提供一些誘人、但不精確的計畫細節，藉此取消對英國商船航行到南美的次數限制，並廢除付給西班牙的

稅。這個謠言承諾很快「從白銀變得像鐵一樣普遍」。

　　1719 年結束時，南海公司的股價站上 126 英鎊，艾薩克拿大約 40％的淨資產投資。這家公司在 1720 年 2 月從議會那裡取得 3,100 萬英鎊的初步授權（主要歸功於公司付出高昂的賄賂金），而且 3 月底的股價收在 179 英鎊。由於公司和政府之間的談判即將要敲定，股價在 3 月上漲更多，到月底漲到 220 英鎊。當議會在 4 月 7 日投票通過這樣的債務安排時，股價收在 320 英鎊，在短短 74 個交易日中上漲超過一倍。顯然，南海公司股票的價值評估不再只根據每年一股 6 英鎊的股息，還增加與南美洲交易的模糊期望。

　　隨著最新的債務轉換計畫因為議會而取得進展，而且隨著股價上漲，對於在倫敦發行小冊子的大軍來說，這家公司是個頻繁出現，而且話題豐富的來源。這些小冊子是 1720 年投資階層主要的娛樂來源，而且跟現代職業摔角一樣，很多樂趣在於相互爭鬥的作者之間激起的勁爆爭論。畢竟，這些人的目標是把小冊子銷售出去，而不是對任何一家公司進行精細的分析。這些小冊子與一般固定報導價格的報紙不同，它們會支持一些吹捧南海公司前景並試圖推測公司股價的人。還有一些人會質疑，這家公司除了債務轉換的計畫以外，其他的計畫是如此含糊，怎麼可能會有如此高的天文數字市值。當被問及這點

的時候，它甚至拒絕分享最初的商業計畫。

　　任何試圖對 1720 年南海公司股票價值進行嚴格量化分析的人都處於未知領域。這家公司不只拒絕分享債務轉換之外的計畫，還沒有大家普遍接受的財務審查架構。各種小冊子的作者使用各式各樣的價值評估方法，從隨意吹噓到擁有讓人驚訝的先見之明，而這種先見之明跟當今最老練的投資人所使用的投資方法非常相似。這樣的摸索應該不足為奇。不過亞當‧斯密並沒有在三年後出生，也沒有在那時寫下《國富論》，要到 56 年後，第一本針對一國經濟會怎麼成長和繁榮發展的深入分析才會出版。即使是今天，專業人士也經常在爭論上市公司的價值，儘管數百年來量化工具和上市公司必須釋出給股東的標準化資訊不斷改進，但在 1720 年，南海公司的實際價值沒有人知道。

　　在這種環境下，擁有最具體、最詳盡計算的小冊子最受信任。《飛行郵報》（*The Flying Post*）<sup>譯注</sup>在 4 月 9 日問世，它模仿一份比較嚴謹的大報，不過以匿名出版，只承認作者是這家小冊子公司的一位「朋友」撰寫的。這位朋友當然是南海

譯注：fly post 原意是指非法張貼的廣告，這裡有快速提供訊息的意思。

公司的資助者與股東，但也很可能是員工，甚至可能是董事會成員。這篇論述首先檢視公司的財務狀況，以及打算吸收的公債，以及將收到與支付的利息。語調相當正面。

接著這位作者進一步推論，主張由於有些人願意支付 300 英鎊，因此這些股票至少價值這麼多錢。他故意混淆價格與價值，還動一些財務手腳，提出這些股票的價值高達每股 448 英鎊。他的複雜分析沒有提到的是，只有當你忽略原始股東和他們要求每年支付每股 6 英鎊的情況下，這個分析才是正確的。這樣一來，整個企業就有點像是現代的龐氏騙局。只有當你忽略之前的所有股東時，才有辦法運作。

這個分析根據的事實是，多餘的現金會在公司中累積，並保留在公司帳戶中。這是一個很驚人的結論，並在交易弄的咖啡館引起熱烈的討論，大家拿這些相互競爭的小冊子所做出的結論進行比較，它們都試圖藉由提供自己估計的股票價值來挑起戲劇衝突。艾薩克幾乎很肯定會聽到一些爭辯，並閱讀一些競爭對手的小冊子。

## 南海公司的價值如何計算？

股票的價值是多少？這真是個問題，不是嗎？ 1720 年，交易弄裡的每個人都試著去猜測南海公司股票的未來價值。那

時很容易知道價格，今天更容易找出股價，但是要知道長期的基本面價值絕對不容易。

有人說，最好的衡量標準是每一股未來收到的現金總和，這些現金將以股息和隨後出售股份變現等兩種形式釋出。未來收到的現金會以折現的方式反映金錢的價值（今天手中的 100 美元比明年要付出的 100 美元更有價值，因為如果沒有意外，你可以在今天把 100 美元放進銀行並從中賺取利息），但是由於這是投資人今天投資所得到的收益，因此即使不確定付款的確切時間，但這也是一種有效的方法。如果可以準確知道一家公司退還給股東現金的數量和時間，那它就是一個絕妙的方法。不過這仍然留下一些假設。舉例來說，支付現金時的利率水準是多少？因為隨著利率上升，明年的 100 美元價值會降低，如果今天手中有錢，我們可以賺到更多錢。但是很難確切知道這些未來的現金在什麼時間會支付多少錢，包括什麼時間會賣出股票，收到多少錢。

評估一檔股票的價值有種常見的方法，就是把股價和每年產生的盈餘進行比較，也就是看本益比。本益比聚焦的是這家公司在外流通股票所產生的獲利，而不是付給股東的款項。相較於每年的盈餘，如果股價較高，顯示買股票的人預期公司的盈餘會成長。但是有時對成長的期望會超過實際情況。無法保

證這家公司在可以預見的未來會持續保持目前的盈餘。由於估計未來兩、三年的獲利是如此困難，假設公司在未來 20 年間獲利不會下降是很愚蠢的事。

評估南海公司的價值，最好的方法是簡單把每年 6 英鎊的支出視為永久年金。如果一個投資人滿意每年 6% 的報酬率，那麼對他而言，每股價值 100 英鎊。如果他要求 10% 的年報酬率，那麼價值就會是 60 英鎊。只有他願意永遠接受 2% 的年報酬率時，300 英鎊的價格才是合理的。4 月 14 日，南海公司想要利用《飛航郵報》的小冊子所引起的關注，加強整個社會對整家企業的關注，所以它嘗試一項很新穎的計畫，只為了在那個月更早獲得議會的批准。這項計畫是給予投資人分期付款買股票的認購機會。在這之前，買進股票時都要全額付款。現在投資人可以用 300 英鎊的價格買進股票（《飛航郵報》的小冊子中提到的第一個假設價值，正是本次認購期間收取的價格，這可能不是巧合）——透過一開始支付 60 英鎊，以及之後每個月支付 30 英鎊，直到把買進股票的款項付清。總計發行價值 200 萬英鎊的股票，不到 1 小時就賣光了。[7]

在這樣的需求推動下，股價再次飆升。於是南海公司推出第二次認購，股價又繼續回升。艾薩克決定脫手。他在 4 月 19 日賣出大約 30 股的南海股票，在每股 300 英鎊至 320 英鎊

間獲利了結，總計套現將近 1 萬英鎊。

　　在 4 月 21 日南海公司的投資人會議上，參與會議的人聽到描述公司計畫的模糊簡報。讓事業成長的戰略至關重要，因為在掌控這個市場下，每年付出一股 6 英鎊年金的傳統做法，無法證明這樣的股價是合理的。

　　我們並不知道艾薩克在 21 日的會議上聽到什麼，但是明白南海公司沒有分享詳細的商業計畫。我們知道這點是因為從沒有過這種商業計畫。兩天後，艾薩克決定以每股約 350 英鎊賣出絕大多數、甚至全數的剩餘股份。他可能認定自己的股價已經高估，或是他也許只是認為對一個年長的單身漢來說，這樣的獲利已經足夠了。

## 處分效應就是貪婪的體現

　　艾薩克展現的行為就是處分效應，這是指投資人往往會賣出投資組合中賺錢的股票，並保留表現讓人失望或虧損的股票。這種效應是身為人類的一種本能，我們渴望體驗到實現投資利益的樂趣，同時拖延實現投資虧損的遺憾。我們只是無法欺騙自己得到最多的幸福，除非我們賣出股票。在最近的一項實驗中，測試對象交易股票，同時在一台功能性磁振造影掃描器裡，使用強力的磁場和無線電波來衡量並繪製大腦的活動。

當測試對象因為獲利賣出股票時，他們的紋狀體活動會感受到最強的愉悅感；紋狀體是大腦基底的一團神經元，會受到從社會環境接收到的獎勵所啟動。如果測試對象的股票價格上漲，但他們選擇不賣出股票，就不會出現愉悅感飆升的情況。這有助於解釋為什麼另外一項研究發現，散戶在股價上漲時賣出股票的可能性，是股價下跌時賣出股票的 2.8 倍。儘管每個投資人都被告知在某個時間點要認賠出場，並保留賺錢的股票，不過這種情況還是會發生。[8]

從反方向來看，實現虧損的後悔痛苦比實現獲利的愉悅還大。痛苦和快樂間的不對稱讓我們忽略建議，而且在保留虧損股票的同時，賣出賺錢的股票。雖然處分效應似乎很容易辨識與糾正，但這並非沒有經驗的新手投資人所獨有。專業的共同基金經理人也會淪為犧牲品，證據在於，接手現有基金的新經理人往往會比原來的經理人用更快的速度賣出虧損的股票。這很可能是因為一個事實，那就是新經理人在賣出前任經理人的虧損標的時，並不會覺得後悔。

艾薩克和其他屈從於處分效應而賣出賺錢股票，並持有虧損股票的投資人，下意識地假設投資報酬會回歸平均值。在南海公司的股票從 1719 年底到 1720 年 4 月中上漲超過 1 倍以後，這似乎是有道理的，而且投資人可能認為自己當下是清醒、自

律的，也避開貪婪的有害影響。但是即使股票得到一定程度的收益，投資人往往還是會更頻繁地拋棄賺錢的股票，而不是虧錢的股票。

我們能夠駁斥「投資人賣出賺錢股票是最好構想」的另一個理由，是因為當價格下跌時，這種趨勢就會增加，就像2021 年一項對德國 2001 年至 2015 年近 10 萬名投資人的研究所證明的情況一樣，研究人員發現這些投資人「在景氣不好時獲利了結的可能性，比在景氣好時高出 25％以上」。如果投資人只是想要避免過於貪婪，那麼我們預期處分效應會隨著股價上漲而增加。不過，處分效應卻隨著股價下跌而增加，因為觀察到投資組合價值縮水的投資人正在尋找一點好消息，而且做到這件事的唯一方法，就是在賺錢的股票對整體投資組合的健康狀況變得更重要的時候，賣出這些股票。

在處分效應的運作中，還有一些超越單一投資人純粹大腦化學作用的東西。社群互動，就像是在交易弄咖啡館那裡產生的互動，會增強這個效應。今天專注於投資和交易的社群網絡用戶會呈現出個別的處分效應，這個處分效應與網絡中的其他人有關，也會比不屬於相似社群網絡的投資人有更大的效應。在某些情況下，網絡中成員的效應會加倍。現代的散戶如果彼此住在附近，處分效應的程度也會表現出相關性。

專注在投資和交易的社會互動，自然會增加參與交易者的交易量，但是如何增強他們的處分效應呢？很可能需要將自己視為成功的交易者，也增強自己在其他人之間的聲響，並鼓勵獲利了結，這樣才能向社群媒體上的熟人和鄰居吹噓。這也阻止我們可能必須向這些人說自己已經認賠殺出。

如果處分效應沒有對長期投資績效造成如此毀滅性的影響，那它只會是一種迷人的反常行為。一項針對 1987 至 1993 年 1 萬名證券戶的研究發現，這些投資人更有可能賣出獲利的標的，而不是虧損的，而且在接下來一年中，他們賣出股票的績效，都比持有虧損股票的績效高出 3.4 個百分點。另一項針對日本散戶在 1984 年至 1989 年多頭市場的研究更為明顯，這些投資人賣出股票的績效，比買進股票的績效高出 38.2 個百分點。處分效應會讓投資人付出金錢代價。[9] 或許更糟的是，處分效應往往會增加必須繳納的稅款。賣出賺錢的標的要繳納資本利得稅，同時等待出售的虧損股票會造成稅收損失。[譯注]

股價恢復到平均值會得到報酬的投資人，最終很可能會持有一個由虧錢股票組成的投資組合，以及過早賣出一些僅有的、獲利的股票。我們很容易就會陷入處分效應，尤其把它粉飾為一種拒絕貪婪行為的紀律時。但是這個效應本身就是貪婪的體現，這種貪婪的欲望，會激發大腦中讓我們感覺良好的神

經元——但前提是我們放棄持有並賣出上漲的股票。

　　為什麼我們沒有學到這個教訓？一般來說，在我們面臨很多試驗和即時的回饋時，最容易學到東西。一個典型的例子也許是學習騎腳踏車。我們可以在一個下午試著練習很多次，而重力會提供即時的回饋。很多人提出的類比是，投資不太像騎自行車，更像是選擇配偶或職業生涯，如果做得正確，你就不必有很多試驗，也不須花幾十年才有可能得到有意義的回饋。此外，雖然知道我們仍持有股票的表現，不過很少追蹤之前賣出股票的近期表現，來尋求反事實的回饋。

　　避免處分效應造成績效下滑最好的方法，是意識到這是一種情緒反應，而不是一種邏輯或財務的反應。另一種方法是記住，成功的投資與未來發生的事情有關，而處分效應與過去發生的事情有關。就像我們會學到，今天在股市上發生的事情，並不會影響明天的走勢。

## 賭場如何讓玩家過度自信？

　　艾薩克很可能花了幾年時間以接近 100 英鎊的價格出售持

---

譯注：因為台灣停徵資本利得稅，所以不會有賺錢股票要繳稅、虧錢股票可抵稅的稅收損失。

股，到了 1720 年 5 月的第一週賣光所有股票。他的總獲利超過 2 萬英鎊，大概相當於今天的 2,000 萬美元。

他在擁有可觀獲利的情況下出售南海公司的股票，並把收益投資在政府債券，對一個老人來說，這是明智的選擇。但是隨著南海公司引進額外的認股計畫，股價持續攀升，在 5 月底股價觸及 400 英鎊。

在 6 月初，這家公司宣布在那個月稍晚進行第三次認購。這是最荒謬的一次認購，每股要 1,000 英鎊，首次只要付款 100 英鎊，其他費用則分 5 年付款。[10]

在 6 月第二週，股價從 530 英鎊飆升到 595 英鎊，再到 720 英鎊，然後是 750 英鎊。艾薩克意識到股價每次的上漲。到處都有人討論南海公司。有個荷蘭人從倫敦回國後提到：「南海公司一直是令人驚奇的源頭。在英國唯一的話題都圍繞於這家公司的股票在如此短的時間內為許多人創造龐大的財富。」愛爾蘭諷刺作家喬納森·史威夫特（Jonathan Swift）寫到：「我詢問一些從倫敦來的人：那裡的宗教是什麼？他們告訴我是南海公司的股票；英國的政策是什麼？答案也一樣；可以交易什麼東西？答案依然是南海公司；還有什麼生意可以做？答案只有南海公司。」這些消息艾薩克都有聽到。[11]

詐欺犯在這股狂潮中看見機會，拉攏投資人的新企業數量

也暴增，這應該就不足為奇了。這些新公司都很可疑，而且大多數的公司從一開始可能就是要詐騙，但是他們利用這股南海公司股票上漲所引發不加思索的亢奮心情。這群企業很貼切的稱法是「泡沫公司」，或是簡稱「泡沫」，而且在南海公司股價達到高點前的1720年5月7日，一家倫敦的報紙《每週錢袋》（the Weekly Packet）提到：「這些計畫中有很多是如此荒謬與天馬行空，很難說哪個計畫的環節最讓人懷疑，是提出計畫的人肆無忌憚，還是認購（投資）這些計畫的人太過愚蠢？」

那年1月只有5家新公司上市，但是2月有23家，而且隨著南海公司的狂熱達到頂峰，6月讓人震驚的有87家。其中一家新公司對投資人承諾會藉由交易頭髮來賺錢；另一家公司則想要從鉛中提取銀；有家公司承諾要從永動機（perpetual motion）中獲利，而且市值高達100萬英鎊。還有公司聲稱可以治癒性病。倫敦的發明家兼律師詹姆斯・派克（James Puckle）募資來資助他的自衛槍枝生產，這是最早形式的機槍。它最獨特的功能是什麼呢？這個武器會向基督徒發射圓形子彈，向土耳其穆斯林發射被認為更致命的方形子彈。[12]

這些企業家中最大膽的人提出「正在進行一項偉大的冒險事業，但沒有人知道那是什麼」。蘇格蘭記者查爾斯・麥凱（Charles Mackay）在1841年出版的《異常流行幻象與群眾瘋狂》

（*Extraordinary Popular Delusions and the Madness of Crowds*）回憶錄中提到，這位企業家發布通知，而且第二天在康希爾路開設一間辦公室，緊鄰咖啡館。他以每股 100 英鎊提供認購的股票，並保證每年可以得到驚人的 100 英鎊股息。首期只要付款 2 英鎊，餘額則要一個月內付清。這位創辦人在辦公室開業後的 5 小時內賣出 1,000 股供人認購的股票，收到 2,000 英鎊的存款。那天晚上他就逃到歐洲，然後消失了。

1720 年總共有 190 家泡沫公司上市，只有 4 家存活超過幾個星期。這種模式在 1999 年網路泡沫風潮中重複出現，不過我們在下一章才要討論這件事。

南海公司的出資者面臨的問題是，這些泡沫公司正在吸引注意力，而且投資人逐漸遠離這個主要的遊戲。如果 2,000 英鎊被偷走，又被誘騙到歐洲，那這筆錢就無法用來買進南海公司的股票了。同樣的，追逐投資永動機的 100 萬英鎊也無法進入南海公司的金庫。6 月初，一項禁止這些泡沫公司成立的法案提交到國會，而且這項《泡沫法案》（*Bubble Act*）幾乎立刻通過。從 6 月 9 日開始，任何新公司的成立都需要議會的法案，而南海公司的盟友永遠不會提供，而且現有公司不再被允許經營既有公司章程外的業務，無法做所有泡沫公司都在做的事。南海公司再次成為鎮上唯一的遊戲，它的股價在接下來 6 天飆

漲 50%。

　　當艾薩克看著這次的群眾聚集，要去做某點事、而非什麼都不做的壓力（也就是凱因斯的動物本能）變得太大了。更好的判斷被情緒所取代，他決定買回股票，因為他關注最近的行動，推斷股價還會更高。一般來說，在投資人能做的事情中，最好是什麼都不做，可是一旦情緒占主導地位，艾薩克就無法只是旁觀。南海公司一位前出納員後來為自己的詐欺指控辯護，說很多南海公司股票和泡沫公司股票的買家買進股票，儘管「在這些認購股票的人中，有很多人根本不相信這些計畫可行；當他們普遍在擁擠的小巷（交易弄）將認購的收據出售給比他們更容易上當的人時，就達到目的了，而這樣就夠了」。這可能對艾薩克也適用，因為他看見價格上漲，後悔賣掉股票。後悔是一種非常強烈的情緒，對投資人特別是如此。

　　艾薩克也許認為南海公司的股票已經高估，畢竟他在 2 個月之前以低很多的價格賣出擁有的所有股票。現在他一定是認為價格會進一步上漲，因為他忽略南海公司股票的歷史長期報酬，也就是一年支付 6 英鎊的利息，如果又以 770 英鎊買進股票，年收益會永遠比 0.8％ 還低。

　　6 月 14 日，艾薩克賣出 4 月和 5 月用南海公司股票的收益買進的政府債券，接著他付 26,000 英鎊（大多數是他的流

動性資產）買回股票。南海公司的股票在 6 月 15 日的股價是 750 英鎊，艾薩克則是一股付出 770 英鎊，這個價格是 9 個星期前賣股票時的兩倍，而且比上一週的價格多出 45％。[13]

　　這就是我們怎麼會知道艾薩克賣出所有南海公司股票時並沒有讓人欽佩的紀律，他並不是一個純粹理性的人。如果紀律和獨立分析促使他在 5 月賣出股票，那麼他可能會看著這樣的瘋狂熱潮，難以置信，但是相信股票的真正價值不會在不到 1 個月內翻倍。他會相信市場價格已脫離長期價值，而有時候情況就會這樣。相反的，艾薩克成為極端的投機客，而不是投資人，他害怕錯失機會，擁有錯失恐懼症（FOMO）。300 年後數百萬交易者會踏上相似的旅程，他們擁有少數的「迷因股」（meme stocks），像是遊戲驛站（GameStop）和 AMC 電影院。

　　艾薩克一開始感覺自己做得很好。但在買進後不久，這家公司為了核對帳簿並付利息給股東，關帳並停止銷售。當股票在一週後恢復交易時，第三次募資沒被滿足的需求與產生的狂熱把股價推升到 950 英鎊。艾薩克看來似乎做出正確的決定，因此他繼續買進。

　　此時，南海公司的總市值，也就是在外流通股數乘以股價，已經是英國國內生產總額（以下簡稱 GDP）的 5 倍。今天美國所有上市公司的總市值合起來還不到美國 GDP 總值的

2倍。購買南海公司股票的人中,不會有人認為他買到便宜貨。根本不可能有人證明目前這家公司的價值評估是合理的。唯一合理的投資理由,就是指望明天還會出現一個更傻的傻瓜。

艾薩克對自己的投資敏銳度變得過度自信,最終會讓他付出沉重的代價,就像今日過度自信讓投資人付出代價一樣。過度自信正在投資圈蔓延。對於自己知道的事、自身的能力、分析資訊的方法、在隨機汪洋中辨識模式的能力,以及自己的未來會是什麼樣子,我們往往會過度自信。簡而言之,當涉及使我們身而為人的每件事情,從平凡到深刻、再到自己無法控制的事物,我們都會過度自信。14

在日常的領域中,根據定義,只有一半的美國司機駕駛技術超過平均水準,但是有80％的人認為自己是駕駛技術超過平均水準的司機。司機對自己的能力過度自信,但是在路上發生的很多狀況都超出我們的控制範圍。儘管如此,即使是自認為普通的司機都相信自己比大多數人更不可能捲入事故之中。這些司機會過度自信,並不是認為自己有能力,而是對路上有多少純粹的運氣感到過度自信。對於運氣和捲入事故可能性的這種自欺行為,大部分是高估我們掌控自己命運程度的結果。你可能是世界上開車技術最高超的司機,但是無法保護你避開壞運氣,遇上喝醉酒的司機開車從對向越過中央分向線(他們

可能認為自己擁有高於平均水準的駕駛技術）。

　　這種掌控的錯覺從很早就開始了，上幼兒園的孩子在玩碰運氣取勝的遊戲就會表現出來，隨著年齡漸長會逐漸減弱，但它不會完全消失，因此大多數大學生相信在 50 歲前不會比室友更容易罹患癌症或心臟病。這種錯覺也會導致新手父母高估擁有天才小孩的可能性，並導致我們低估成為犯罪受害者的可能性，即使我們掌控這些結果的能力受到很多因素限制，像是基因或不好的運氣。

　　當①我們對某項特定的結果有強烈的渴望；②成功的機率已經很高；以及③我們確信自己已經掌控事件，即使我們沒有的時候，這種相信自己更有可能經歷正向結果、不太可能遭遇負面結果的偏誤往往會特別高。事情可以掌控的錯覺會扭曲我們對預測正確性的評估，無助於成功的可能性。許多人認為知道過去彩券的開獎號碼，會使選到下週開獎號碼的能力增強；或是認為如果自己選號，而不是隨機選號，更有可能中獎，這些想法就證明這一點。儘管過去的結果沒有預測價值，但賭場會公布近期賭盤的中獎號碼並非巧合。賭場知道擁有這些資訊會使玩家過度自信，導致投入更多更大的賭注。隨著人性弱點和心理癖好被揭露，金錢的處理會擴大與放大我們既有存在的過度自信。15

投資時過度自信可能只是另一個古怪的癖好，這種事情會使我們受到朋友喜愛，不過前提是，如果它不會像艾薩克那樣對我們的投資績效產生持續有害影響的話。

　　許多人認為，成為一名成功的投資人很困難（做對事情不一定是成功的投資人），但心理學家告訴我們，面對複雜的任務，確實會讓人過度自信的程度達到最高。這是一種違反直覺的發現，會導致投資人放鬆警惕心，做事肆無忌憚。這種諷刺的情況之所以出現，是因為這些重複的嘗試（也就是學習的本質），使我們也能體驗並記住所有會讓事情出錯的驚人方式。

　　研究人員告訴我們，有兩個專業團體的自信和他們的實際能力相當吻合，那就是氣象學家和賽馬預測專家。這兩種人經常面對變化不大的問題。每次的試驗都會產生可以衡量的客觀結果，而且回饋既快速又具體。賽馬預測專家只要等幾分鐘就會看到他預測會獲勝的馬有沒有跑贏，氣象學家只要等幾個鐘頭就會看到是否確實有下雨。缺乏經驗、立即的回饋與可以衡量的客觀結果等條件，就會培養出過度自信。[16] 這可以用來描述投資的情況：最好的投資人很少交易；回饋可能需要幾年的時間；不過即使如此，「成功」是一種主觀的衡量指標，衡量面向與大盤的市場報酬、我們的投資目標，以及需要這筆錢的時間有關。投資不受非黑即白的結果所影響，這使得要從中學

習變得更為困難。

在這種環境下，我們很容易騙自己，認為自己做得比實際做的好。發生這種情況的一個原因是後見之明偏誤（hindsight bias），或是說認為過去的事件比實際情況更容易預測的傾向。因此，我們開始相信未來的結果對當時的自己是顯而易見的，即使實際情況不是如此。

1987 年 10 月 19 日，道瓊指數暴跌 22.6％，這是美國股市有史以來最糟的一天。股市收盤幾小時後，耶魯大學經濟學家、未來的諾貝爾獎得主羅伯特・席勒（Robert Shiller）以電子郵件寄一份調查問卷給 3,250 名投資人。他收到 991 份回覆顯示，投資人確信自己已經預見即將出現崩盤。問他們如何知道這件事時，有許多人相信「直覺」，但是這些人可衡量的客觀交易，並沒有證實他們確實預料到崩盤。這件事是如此引人注意，**回想起來**，會導致這樣的故事似乎很明顯，回答問卷的投資人相信自己預見或感覺到即將出現崩盤。席勒的問卷調查證明他們是在欺騙自己。這種後見之明偏誤真正的危險在於，這會強化投資人的過度自信，因為他們錯誤的相信自己可以預見未來，而且能夠避開下一次的崩盤或空頭市場。17

後見之明偏誤也是面對複雜的任務會產生過度自信的另一個原因。舉例來說，一椿婚姻會失敗，回想起來似乎很明顯，

因為這往往是一個單一的過程，儘管這個過程很漫長。而學習騎腳踏車會失敗，則是因為有一連串簡短、各自獨立、不可預測和互相衝突的試驗所導致的結果。

過度自信是如何導致糟糕的投資報酬？一方面，這會使投資人持有風險更高的投資組合，因為他們認為自己比別人更能解讀股市行為，因此高估自己在股價下跌前就精明出場的能力。這樣一來，他們就像 1987 年席勒調查的投資人，讓後見之明偏誤愚弄，認定自己可以預見未來，即使他們甚至無法準確回憶起近期的表現。

處分效應與後見之明偏誤所助長的過度自信，也會破壞投資報酬。最危險的一個方法（也是艾薩克喜愛的幾種方法之一）就是過度交易。若你認為一檔股票價值 100 美元，而現在的交易價格是 50 美元，你就會買進；如果你對自己的能力過度自信，就會更加確定這檔股票價值是 100 美元，還可能會買太多股票。因為過度自信，你會交易更多股票，承擔更多風險。

過度自信的投資人有什麼特徵？最明顯的是性別。心理學家已經發現，雖然男性和女性都會表現出過度自信，但男性往往會比女性更加過度自信，而且如果是被視為男性本質的任務，兩性的過度自信差異會更大。對許多男性來說，這包括投資。在對 1991 年 2 月至 1997 年 1 月一家大型折扣券商開戶的

3,500 個家庭進行的分析中，男性比女性的交易量高出 45%。這種過度交易的結果，導致男性現比女性的投資表現落後將近 1 個百分點（舉例來說，男性的年報酬率如果是 7%，那麼女性的年報酬率就是 8%）。[18]

如果說男性很笨，那單身男性才是真的笨。一項相關的研究發現，單身男性的交易量比單身女性高出 67%，因此投資年報酬率比單身女性低 3.5 個百分點。對於一項 10 萬美元的投資組合，在考量兩方的平均歷史報酬之後，僅僅 20 年後就會產生 18 萬 7,990 美元的差距。

主動意識到性別在過度自信和過度交易傾向中發揮的作用，是朝向投資成功最重要的一步。投資人要如何抑制過度自信？一個方法是賠錢。產生大量投資報酬的投資人會看到自己的過度自信，正隨著自身承擔的相對風險量增加而增強，同時最近虧錢的投資人往往會變得更加趨避風險。即使是沒有真正賺錢、但寧可欺騙自己相信已經賺到正報酬的人也是如此，在那個時候，他們實際做的事情是在眾多處分的交易中，賣出賺錢的股票，並保留虧錢的股票。[19]

過度自信導致投資報酬降低的另一個方式是扭曲我們對風險的理解。過度自信的投資人會誤判特定結果的發生機率。他們相信這些結果很可能會發生，以股市久而久之會上漲為例，

他們會相信這是絕對肯定會發生的事，而股市崩盤這樣的結果則是不可能發生的事。（就像後文會看到，一些沒有過度自信的投資人相信相反的情況：崩盤的可能性比實際情況更容易發生。）一項研究問一群測試對象很多填空題，內容涵蓋各種主題，包括歷史、音樂、地理、自然和文學。在他們給出答案之後，參與者會被要求用 0.00（答案正確的機率是 0）到 1.00（答案肯定正確）來估計答案正確的可能性。當估計值是 1.00 時，意味著受訪者認為他們的答案 100% 是正確的，而且無庸置疑的，這些人錯誤的機率是 16.9%。[20] 現在可以想像股票交易如果有這種程度的信念會如何。就像 18 世紀法國哲學家伏爾泰寫到：「不確定性是一種不安的處境，但肯定卻是一種荒謬的境地。」

## 損失趨避的不對稱性

艾薩克 6 月中買回股票的腳步並沒有停歇。到了 8 月 24 日，南海公司發起第四次募資，也是最後一次募資。再一次，每股要 1,000 英鎊，但是投資人必須先付 200 英鎊的訂金，每隔 6 個月還要再付出 200 英鎊，直到費用全部付清。雖然管理階層沒有提供如何讓公司轉型的細節，以便在另一次大額的債務轉換中得到更高的評估價值，但這些股票的價格現在幾乎是

1 年前的 10 倍。儘管如此，艾薩克還是認購 5 股，總共花了 5,000 英鎊，這是每個人可以認購的最多數量。他現在可能已經投入全部的流動資產，不然至少也是絕大多數的流動資產。

與其他大多數的募資一樣，這次的募資被超額認購，投資人需要的數量超過可以取得的數量。失望的投資人開始抱怨這家公司的董事偏愛把股票分配給一些關係良好的買家，這與 280 年後控告有利可圖的首次公開募股（IPO）股票一樣。

艾薩克現在被當代經濟學家視為是「雜訊交易者」（noise trader）。也就是說，他的交易並不是分析過一家公司前景的基本面所產生的結果，相反的，這些交易是由於他的信心，或是說過度自信所驅使，只是根據近期歷史對未來的推斷來判斷股價會持續上漲。

這些募資的一個關鍵層面是，他們不僅使投資人更容易買進股票，還會大幅提高純粹投機客的激情。在認購股票之前，投機客可能會認為股票的價值會提高而買進股票，但是跟投資人一樣，他們必須全額付清費用。如果股價從 4 月的 300 英鎊上漲到 7 月的 900 英鎊，那麼這個投機客就有 3 倍的錢。但是如果一個投機客在 4 月的第一次認購一開始只付出 60 英鎊，而 6 月要付出第二筆款項 30 英鎊，那麼等到 6 月股價達到 900 英鎊的時候，他的「認購權證」，也就是顯示他已經付

錢並給他權利繼續付錢、直到收到完成股票的合約，就會價值690英鎊（價值900英鎊的一股股票減去還要付款的210英鎊，儘管認購權證的買方可能會要求小額的折扣）。投機客的投資就不會成長3倍，而是會實現大約7倍的獲利。如果他在4月和6月分期付款，然後股價下跌，投機客可以簡單地拒絕之後的付款，而公司出乎意料的舉動是，投機客仍然可以得到一部分已經付款的股票。第一次認購並不是一個以300英鎊買進股票的合約，而是一個選擇權。由於這是一個買進股票的選擇權，所以我們稱為「買權」（call option）。像南海公司發行的這種買權提供很大的槓桿，因此受到投機客的歡迎。[21]

在這一點上，艾薩克正在投機，他的作為當然不能稱為投資。投資需要在追求收益下不顧風險的投入資金，因為投資人知道在給定的時間範圍內，潛在的獲利會高過風險。另一方面，投機是為了捕捉短期的價格變化，因此配置資金來追逐風險。投機客就像是賭徒，投資人則像是賭場莊主。

這不是第一次引進選擇權合約導致大宗商品飆升的情況，同樣的事情1637年也在荷蘭發生過，當時荷蘭人熱愛鬱金香，而且迷上鬱金香球莖的交易，催生出全新的價格投機方式。荷蘭的鬱金香球莖買家一直都同意現在買進，並在未來的某個時點付款，但是這項協議是一種義務。從1636年11月開始，一

些交易商開始商議這些選擇權：這是在未來以兩方商議的價格買進球莖的一種權利，而非義務。潛在買家只需要付出買進價格的 3％，但無需承擔額外的風險。因此，球莖的投機熱潮爆發，在接下來的 3 個月內價格漲了 20 倍。現代的選擇權可能是投資人很好的工具，但是當這些選擇權讓人釋出最糟糕的投機衝動時，就會助長泡沫並摧毀財富。

每次的新募資都助長交易弄的社交旋風，並推高價格。即使是專業的投資人，最初是因為與其他專業投資人士的一些交流而有動機買進特定的股票，這種情況仍然很常見。在另一項調查中，席勒教授發現「興趣感染」的現象，本質上這是 1720 年在交易弄咖啡館出現、以及後來在網路聊天室和社群媒體上發生的那種社交互動，這有助於解釋法人如何開始意識到某些股票有異常的價格走勢。席勒稱這些股票為「多頭」股票（"boom" stocks），南海公司當然有資格成為多頭股票。[22]

艾薩克繼續買到 7 月，付出的價格非常接近高點。在南海公司的帳簿重新開放並恢復銷售之後，3 天內股票的交易價格就達 950 英鎊。這是南海公司的股價頂峰，但是艾薩克繼續買進，認購最後募資時的認購上限股數。到了 8 月，股價跌到 800 英鎊。

正如一句投資諺語提醒我們的那樣：「沒有人會在高點敲

響警鐘。」因此不可能知道正確的賣出時機。同樣的，沒有辦法確切知道為什麼南海公司泡沫最後會破滅，但諷刺的是，禁止泡沫公司競爭的「泡沫法案」是主要的嫌疑犯。這項法案不只認定公司經營章程以外的業務違法，還賦予政府發出傳票強迫企業去說明他們不應該解散的理由。因為有可能會有這種嚴厲的結果，嚇壞了投資人，導致他們驚慌失措，不管出價是多少，不管價格有多低，都要賣出泡沫公司的股票。許多投資人甚至被迫賣出南海公司的股票，用來彌補他們投資在泡沫公司上的損失。人們討厭賠錢，我們非常討厭賠錢，以至於在像南海公司股票剛開始下跌的空頭市場期間，虧損的可能性扭曲我們的想法，而賠錢的痛苦比賺錢的快樂威力更為強大。

保羅・薩穆爾森（Paul Samuelson）是第一個獲得諾貝爾經濟學獎的美國人，他幫忙改變從亞當・斯密到凱因斯開發的學科，從考量人性的利他主義、不明智的失敗，以及本能精神，轉變成試圖模仿物理學的數學嚴謹性，同時忽略經濟學的核心，也就是研究人類如何處理金錢的構想。

大約在 1960 年，薩穆爾森與麻省理工學院的一些同事吃午餐，他 32 歲時成為該校全職的經濟學教授。薩穆爾森提供這些經濟學家一個有趣的賭注。每位教職員都可以擲一枚硬幣，並猜會擲到正面或反面。如果這個人猜對了，薩穆爾森

就會付給他 200 美元，如果他猜錯了，這個人就要付薩穆爾森 100 美元。這可不是小數目，當時的 100 美元相當於現在的 900 美元。但是機率顯然是站在同桌同事那邊，此外，對麻省理工學院的教授來說，勉強拿出 100 美元幾乎不會有什麼災難。當薩穆爾森提議要和他稱為「傑出學者」的一位教授對賭時，這位教授拒絕，並解釋說：「我不會下注的。因為我覺得 100 美元的損失，大於 100 美元的獲利。」[23]

在經濟學上提倡數學精確性的薩穆爾森，已經證明不合邏輯、情緒性的無效率；與賺錢相比，人們更不願意賠錢。但薩穆爾森也偶然發現一個有趣的潛在收益與潛在損失比的數字。接下來的研究顯示，當提供類似的投擲硬幣遊戲時，如果輸了要付出 100 美元，那麼大多數人只有在猜對時可以得到 200 到 250 美元，才會願意玩。換句話說，大多數人討厭虧錢的程度，相當於享受賺錢感受的 2 倍，即使這個賭注相對較小。

這種對收益和損失的不對等感受稱為「損失趨避」，是有些道理的。每增加一塊錢的效用，會隨著得到更多的錢而遞減，而我們擁有的錢愈少，每多失去一塊錢帶來的傷害就愈大。舉例來說，對於一個在貧窮中努力生存的家庭（或是對大多數美國家庭）來說，100 萬美元的意外之財可以改變生活，但是相對對億萬富翁來說沒有什麼意義。相反方向的運作模式

則不同；每多損失一塊錢造成的傷害都比之前來得更大。如果我們假想的家庭現在有 100 萬美元，已損失 10 萬美元，再損失 10 萬美元的傷害更大，而且接下來損失 10 萬美元的痛苦還會增加。第十次失去 10 萬美元，也就是失去最後的 10 萬美元，痛苦最大。[24]

如果你不相信每一塊錢的效用會隨著你的財富增加而改變，問問自己以下的選項你會選擇哪一種：一份 10 億美元的禮物，或是有機會擲一枚硬幣，如果正面朝上可以得到 40 億美元，反面朝上則什麼都沒有。幾乎每個人都會選擇第一個選項，即使第一個選項在統計上的價值是第二個選項的一半。

為什麼大多數的人會做出「次佳」的選擇呢？因為一旦你擁有第一個 10 億美元，接下來每多增加 10 億美元的效用都會顯著下降。

損失趨避會讓投資人花錢。這可能會導致我們避開機率對自己有利的合理投機行為，像是薩穆爾森的實驗，或是長期在股市冒險這種有利可圖的投資。在某些時候，取得一定的金額而非對超大金額下注（像是我們假設的 10 億美元實驗），確實符合經濟效益，但無論如何，股市不會提供這種面貌。相反的，投資是一系列數千種的小決定，其中有很多決定是要求什麼都不做，而且每項決定單獨的風險都很低。損失趨避是指我

們對虧損往往比對獲利更為敏感，而當損失趨避加劇時，即使我們在那時沒有意識到它的影響，它的影響也會變得更明顯。

　　損失趨避導致投資人在市場下跌時賣出股票，因為他們虧掉一些錢，而且每多損失一塊錢，痛苦還會增加。更糟糕的是，許多受到處分效應影響的人賣出績效表現最好、股價依然比買進價格高的股票，而不是賣出績效表現差、應該變現的股票。然後，投資人不會用賣出股票得來的資金來買進市場提供的便宜股票，而是往往讓那些資金停泊在現金部位閒置，因為損失更多錢的痛苦超過得到相同數量的錢所帶來的愉悅。這種低點賣出並拒絕買進的做法不僅會損害長期報酬，有時還會形成一種自我強化的回饋循環：股價下跌，在投資人中引起恐懼，使他們更加損失趨避，而且更可能在下一輪下跌中賣出股票，產生更嚴重的下跌動能，而不是更可能買進股票。然而，我們已經看到賣出的股票最後的績效表現比大多數的股票還好。傳奇投資人彼得·林區做的結論很好：「股票賺錢的真正關鍵是不要被它們的表現嚇到。」

　　儘管經濟學家的想法是相信人依然完全理性，但虧損會影響人分析股市的方式，並抑制理解股市的能力。我們的大腦不擅長以細緻的方式評估損失，我們看到綠色的數字就感覺很心痛，無法充分區分適當的虧損和可能致命的虧損。<sup>譯注</sup> 只有當

損失變得無法挽回、幾乎不可能回到損益兩平時，投資人的心態才會改變。在這樣的情況下，投資人和賭徒會從損失趨避轉變為追求風險。[25]

　　這種心態改變的例子可以在賽馬場上的投注者之間發現。賽馬場是一個很好的金融實驗室，因為所有賭注就跟股市一樣，採同注分彩法（pari-mutuel，字面意思是「在我們之間平分」），[譯注] 而不是在賭場裡跟莊家對賭。此外，賭注可以掌控，情緒可以放鬆，而且我們每天都會接受幾次試驗。在賽馬場上可以看到的一貫的偏誤是，投注的人傾向把更多的價值分配給贏面不大的賭注，而不是最有機會獲勝的賭注。畢竟賭博與追求感官刺激有關，而且我們用 2 美元贏得賠率 50：1、贏面不大的賭注，比用 2 美元贏得賠率 1：1、最容易獲勝的賭注來得更有快感。但是得到這種快感是有代價的。每投注 1 美元在賠率 100：1 以上的賭注，平均報酬是 39 美分，而下注在最有機會獲勝的賭注，平均報酬是 95 美分。因為下注在與歷史表現相對較差與機率相對較低的賭注較多，而下注在最有機會獲勝的賭注較少，這樣的結果使一位經濟學家稱這種傾向是

譯注：指彩金在扣除管理費和稅負之後由中獎的人平分。

市場「無效率」。在賽馬場上花幾個下午的時間，有人可能會預期這種影響的強度會保持不變，但是時間一久，以及我們的資金減少（大多投注在很多贏面不大的賭注），這種偏誤實際上會增加。在當天的最後兩場比賽中，這種偏誤會急速加大，特別是在最後一場比賽中最為普遍，因為虧錢的人會試著藉由在贏面不大的賭注上下注更多的錢來扳回一城，不過通常是讓自己陷入更深的困境。只有當我們似乎失去希望時，才會完全放下損失趨避，然後再以最愚蠢的方式投注。

## 現狀偏誤的代價高昂

南海公司的股價在 1720 年 9 月持續下跌。9 月 8 日跌破 700 英鎊，這是 5 月以來第一次跌破 700 英鎊，而且在 17 日跌破 500 英鎊，但是艾薩克沒有出現損失趨避的情況。相反的，他依然自信滿滿地認為自己是對的，而且認定南海公司的股票會反彈，就像那些過度自信認為自己的答案正確、做錯的可能性甚至只有 1% 的測試對象。

雖然我們無法確定艾薩克是否依然對這家公司的前景抱持樂觀的看法，但他很可能在 9 月買了更多股票，而且曾 2 次讓一個朋友的兒子擔任受益人，而且艾薩克還是 4 名委託管理資產的受託人之一人。他以大約 650 英鎊的價格買進股票，接著

又用將近 450 英鎊的價格買進。到了 9 月底，收盤價只剩 400 英鎊。股價持續下探，部分原因是在那個月中旬，南海公司的董事開始對自家公司股票放空。到了那個月底，公司的銀行倒閉了，被拿南海公司股票擔保的貸款給壓垮了。有位作家將銀行破產歸咎於 7 月南海公司股票第一次暴跌，這使「數量驚人的賣家進場，一個人賣出股票嚇到另一個人，使另一個人也賣出股票，因此股票在不知不覺中下跌，直到所有人都嚇壞了；而這就是莫名其妙的恐慌，並伴隨巨大的混亂。」[26]

極端的價格走勢和暴跌幾乎讓交易弄裡所有所謂的南海人破產。一位親身參與交易的鄉村仕紳寫到，有個股票經紀人（也為自己的盈虧進行投機的證券業務員）乾著急地痛哭著說：「我完蛋了！我完蛋了！」在此同時，在他身邊的 5、6 個人並沒有安慰他，而是喃喃自語地說：「我也是，我也是。」到了 11 月，股價來到 185 英鎊的低點，比 7 月公司重新接受認購後的股價高峰下跌 80%。南海公司的股價在這一年一開始是 128 英鎊，最高來到 950 英鎊，而且最後兩次的認購價是 1,000 英鎊。在這一年結束時，股價只有 200 英鎊。至於艾薩克，他並沒有賣出任何重新買回的股票。

比起決定不採取行動，決定付諸行動更讓人後悔，我們的年長投資人現在覺得很後悔。對空頭市場中的投資人而言，

危險並不是他們正要虧錢（這在某個時間點是不可避免的情況），而是這樣的損失會伴隨著後悔，這會增加痛苦的程度，而且更難明智地採取行動。就像我們討厭賠錢多過喜歡賺錢一樣，我們討厭後悔多過享受滿足感這種相反的感受。儘管要薩穆爾森的同事應該接受擲硬幣賭注，而且一旦輸了也不要懊悔（畢竟他的勝算比較高），說來容易，但這個人願意拒絕金錢，以及賺到 50 美元的統計優勢，不僅要避免後悔，還要避免知道他決定接受薩穆爾森的打賭所導致的虧損。[27]

後悔趨避理論（Regret aversion theory）預測，投資人會做出讓決策後的後悔機率降低的決定。這與避免虧損不同；這是為了避免後悔。舉例來說，訴訟雙方會系統性的選擇和解，不僅是因為風險，而是和解可以消除經歷不利判決可能引發的內心後悔。

為什麼一談到投資，後悔會如此痛苦？一個理由是後見之明偏誤。當時的不確定性現在看來很明顯，我怎麼會笨到看不見呢？努力避免這種感覺往往會導致投資人什麼都不做，即使可以採取一些合乎邏輯的步驟，像是投資虧損節稅（tax-loss harvesting），這是指買出虧損的股票，並把錢投入賺錢的股票（與處分效應相反）；或是在以相對折扣價格賣出股票的情況下，現在把可自由運用的現金拿出投資賺錢的股票。如果你

從一個合理建構的投資組合開始，那麼正確的做法可能是什麼都不做，或可能有了經驗並從中學習。不該做的事就是屈從於厭惡與羞愧；因為損失趨避或現狀偏誤（status quo bias），會導致在低點賣出股票，莫名地傾向寧願事情保持現狀，即使事實證明做出改變是有益的。這種感覺在空頭市場期間很常見，雖然我們現在知道不可能擇時進出（持續在低點買進或在高檔賣出），但可以採取一些行動來改進投資績效。不過這也是投資人最不堪重負、最有可能受到毀滅性行為偏誤的影響，破壞績效表現的時候。

南海公司的股票價格一天向大眾公布兩次，分別是中午和下午收盤。價格頻繁更新，以及自由使用這個資訊來買進或賣出股票會產生矛盾的結果。知道下一次即將更新的價格比現在什麼都不做更容易。與其應付現在我們可做、但令人困惑的行動清單，不如自欺欺人地相信我們稍後會採取行動。這是現狀偏誤。這種偏誤一直存在，因為抵制改變是人性的一部分，即使改變會產生更好的結果。艾薩克就受制於這個偏誤。

現狀偏誤也許可以理解，但代價卻相當昂貴。舉例來說，即使有更便宜或更全面的選擇，員工往往會堅持現有雇主提供的健康保險。花一點時間比較目前的選擇和可用的新選項，往往會有不錯的報酬。但是很少有員工進行任何分析，更不用說

進行詳盡的分析了。

現狀偏誤也是過去 50 年來最大的企業失誤之一。1985 年 4 月，可口可樂公司 99 年以來第一次宣布要重新調製它最受歡迎的汽水。可口可樂執行長後來說，他正試圖「改變美國含糖可樂的發展……」並「承擔明智的風險」。畢竟 15 年來，可口可樂的市占率一直被稍微甜一點的百事可樂搶走，而更新、更甜的可口可樂，也就是這家公司所稱的新可樂（New Coke），在近 20 萬消費者的盲測中普遍受到青睞。可口可樂相信它提供大眾想要的可樂。但是消費者卻哀嚎，包括一些實際上喜歡新配方的消費者。這家公司成為大家嘲笑的對象。有位顧客認為這個決策太愚蠢了，因此寫封信給執行長，稱他「可口可樂過時長」（Chief Dodo, the Coca-Cola Company）。[譯注] 到那時，這個決定已經臭名遠揚，甚至在公司內部，收發室還把這封信送到執行長辦公室。[28]

可口可樂有個需求要解決，它正在失去市場占有率，而且擁有很多客戶喜歡的「新」產品。那麼這家公司到底錯在哪裡？他們忽略現狀偏誤的力量，消費者想要後來被稱為「經典可口可樂」（Coca- Cola Classic）的「舊可樂」（Old Coke），因為他們更討厭改變，而不是喜歡更美味的可樂。在投資上，人們

有時會對目前持有的投資組合有著非理性的偏愛，即使做出改變或替換標的會讓他們在退休後擁有更多錢。

如果艾薩克只持有年初時擁有的股份，那麼他的財務狀況就會很好；事實上，他會得到超過 50％ 的可觀收益。但是隨著時間逼近 1721 年 3 月，他現在面對一個極為痛苦的決定。他認購 5 股要付出的 1,000 英鎊預計在 3 月 25 日支付，他可以直接拒絕付款，那他的權利就會失效，而且不會收到任何股份。（認購的人必須付出第二期預定的款項才能獲得已支付費用的股份，如果他只付一期款項，就會失去最初的押金。）他可以付錢，並期望股價反彈，但是他付出的價格現在是公開市場價格的 5 倍。或是他可以用折扣價把認購憑證賣給其他人，至少可以收回部分的投資。這最後的選項是他在 1721 年 3 月初至 8 月底的某個時間做出的。我們不知道買家要求怎樣的折扣，但這筆交易讓艾薩克很難受。我們知道他在 1721 年或 1722 年上半年沒有其他交易，他沒有其他賺錢的股票可以賣出，這是處分效應的一部分，他已經陷入其中，而且討厭認列虧損，因此他並不想要賣出南海公司的股票。在 1722 年中

譯注：Dodo 是一種已經滅絕的巨鳥，這裡用來形容思維落後、愚笨的人。

的某個時間，艾薩克終於開始分散投資，不只持有南海公司股票，還在英格蘭銀行提供募資計畫時買進股票。這些股票的費用在 1724 年 1 月已經全額付清。

艾薩克在這整個事件中損失大約 2 萬英鎊，遠遠超過他在 1720 年初淨資產的一半。當有位朋友要艾薩克投資自己正在創立的公司時，艾薩克的厭惡顯而易見。艾薩克拒絕投資，並寫到：「我在南海公司的投資上損失慘重，讓我的口袋空空如也，而且我的心思也不願處理這些事情。」有傳言說，他告訴其他人他輸了很多錢，因此聽到「南海公司」這幾個字就會難以忍受。而他這樣做，是要排除所有投資人都會感受到的誘惑，尤其當泡沫正在膨脹，然後開始消失的時候。

尋找代罪羔羊很常見，而且在這些插曲中幾乎都會有壞人角色。1720 年 12 月，南海公司的董事會被迫提供完整詳盡的「會議紀錄」，而且隨著調查的進行，公司員工和領導階層在隔年限制出境。他們的資產遭扣押，因此無法神不知鬼不覺地帶走，但是公司的財務主管奈特先生（Mr. Knight）喬裝打扮，帶著很多公司的文件逃亡法國。這被視為犯罪證據，而且英國國王喬治一世在當天晚上關閉港口，防止更多該負責的人逃跑（南海公司內部的員工曾建議喬治一世在高點附近賣出股票，但被拒絕了），但投資人也該承擔責任。

**南海公司的股價走勢，1719 年 8 月～ 1729 年 12 月**

　　儘管保羅・薩穆爾森和他的追隨者讓我們十分相信投資是一種人為的努力，但心態和情緒的影響還是非常強大。這就是為什麼紐約證券交易所上市的股票表現，在紐約天氣晴朗的時候會比在多雲時來得好，[29] 或者為什麼其他國家的股市在國家足球隊大獲全勝後的幾天內會表現比較好，又或是為什麼俄亥俄州大學橄欖球隊贏球後的幾天會有更多人買彩券，這並不是因為上帝是俄亥俄州的粉絲。<sup>譯注</sup>

　　艾薩克不是唯一陷入南海公司泡沫的人，而且考量到他的

一些古怪行為，我們不應該對他異常興奮地努力想賺到更多錢感到驚訝。截至 1720 年為止，他已經在成年後花很長的時間研究煉金術，尋找將鉛等卑金屬提煉成黃金的化學程序。當他還是學者的時候，上的課很少，有時課堂上根本沒有學生出現，但他講課時就好像教室已經坐滿人一樣。從 1689 年開始的一年議會任期中，在官方紀錄中他只說了一句話，當時他要求一位接待人員關起一扇開著的窗戶。

　　儘管如此，艾薩克在南海公司的冒險經歷，應該會消除投資全都要看智商的概念。雖然他的父親是文盲的農夫，在他出生前 3 個月就去世了，但是艾薩克被安葬在西敏寺，還由英國著名詩人亞歷山大・波普（Alexander Pope）撰寫墓誌銘，並在 200 年後得到愛因斯坦的頌揚。事實上，艾薩克可能是 1720 年活著的人當中最聰明的人，也可能是有史以來最聰明的人。但是雖然有人說他的名字實際上是勞倫斯，也有人說他的姓是詹姆士，不過這沒有太多證據，但在當時和現在，大家都知道他叫艾薩克・牛頓爵士。他發明微積分，並想出萬有引力公式。他發現光實際上是由很多波長所組成，每個波長代表光的一種組成色。他的著作《自然哲學的數學原理》（*Philosophiæ Naturalis Principia Mathematica*）描述經典力學的基礎，包括他的 3 個運動定律。但當他被問到南海公司泡沫的經歷時，這位著名

的物理學家和數學家會說：「我可以算出天體運行的軌跡，卻算不出人性瘋狂。」

或許更貼切的說法是，牛頓講的是「自己的瘋狂」，因為當他跟隨群眾的時候，本來可以更清楚知道並避免處分效應。我會在後文其他泡沫和崩盤的背景下檢視其他的行為偏誤，包括投資人被轉型的企業吸引，就像一些人被南海公司的承諾吸引一樣，肯定它會因為引進新世界的財富來改變舊世界。

其他投資人會買進南海公司的股票，是因為在考慮替代的投資標的時，一開始想到的就是這家公司。有位觀察家說，這是倫敦唯一的話題，而且喬納森・史威夫特說它已經成為很多人的宗教。在下一章，我們會看到一些公司如何主導廣大社會和投資人間的討論。

1720 年，很多投資人面對南海公司的前景變得非常激動。接下來你會看到幾個世紀之後再次發生相同的情況。而且到最後正如艾薩克・牛頓在聽到有人提到南海公司就感到厭惡一樣，你也會看到投資人後來對於投資在轉型失敗的企業上也有相同的情緒。

譯注：the Almighty is a fan of the Buckeyes，這是俄亥俄州大學橄欖球隊經常使用的加油口號。

德國詩人與哲學家弗里德里希·席勒（Friedrich Schiller）率先說到：「任何被視為個體的人都是相當明智與理性的，但是如果身為群體的一員，就會立刻變成傻瓜。」在下一章，你會看到其他例子來說明為什麼會這樣，同時也提出幾個方法來避免自己成為群眾裡不去思考的成員。

# 第 2 章

# 非理性

IRRATIONALITY

NEI 網路世界公司（NEI Webworld）與網路一點關係也沒有。1999 年 12 月網路泡沫接近高峰的時候，它甚至沒有為任何人提供撥接網路連線，沒提供這項服務都要歸功於隨處可見、可用郵件發送未經索取的磁碟片。不過，這是一家商業印刷公司，它的名字來自一個有 80 年歷史的平版印刷流程，這是透過印刷機送入連續的紙捲或捲筒紙（web）。1999 年，在網路泡沫達到高點時，NEI 是與網路世界無關、似乎即將被全球資訊網淘汰、舊經濟時代的公司。但是網路世界公司已經破產，在 1998 年 12 月 7 日自願提出破產清算的申請。[1]

儘管 NEI 網路世界公司破產，公司的股票還是在交易，只是交易量很少。它在場外櫃台交易系統（OTCBB）上市並交易，這是水餃股、其他品質有疑慮而無法上市的股票，以及被踢出市場的股票的地獄，也是這些股票的合法交易場所。1999 年 11 月，在停止運作並清算所有資產 6 個月後，NEI 網路世界公司毫無生氣的公司軀殼以每股不到 20 美分的價格交易。一旦破產法官做出裁決，該公司就會正式解散，股票也不會存在。考量這點之下，為什麼有人願意付錢來買 NEI 網路世界的股票？這還真是個謎，不過場外櫃台交易系統上充滿更糟的公司。這些股票大部分的吸引力都在於可以尋求感官刺激，也就是牛頓和其他投資人在 1720 年經歷的感受。NEI 網路世界

公司的股票開盤可能是每股 5 美分，到了下午則漲到 3 倍。當有人試圖賣出股票時，股價最終會回跌，再說這家公司畢竟破產了，也沒有在營運。但是投機客樂在其中。

隨著 NEI 網路世界公司在那年秋天努力走完破產法庭的流程，不只有場外櫃台交易系統裡的股票價格回升，其他合法交易的股票價格也依循相似的軌跡。電信公司高通光是在 1999 年 11 月就上漲 63％，全年漲幅達到 2,610％（股價從 3.25 美元上漲到 88.06 美元）。納斯達克綜合指數是衡量納斯達克證券交易所上市的所有股票價格，1999 年主要是科技股和網路股。它在那一年上漲 86％。美國線上是一家郵寄電腦磁碟片來提供註冊網路服務的公司，那年上漲 94％。

在這種環境下，任何與網路和全球資訊網有關的事情似乎都是一項不錯的賭注。與網路無關、但看起來似乎和網路有關的股票也是如此。這描述的就是 NEI 網路世界公司。1999 年 11 月，藥學系的學生胡圖恩・梅拉梅德（Hootan Melamed），以及在家族企業銷售皮衣的阿拉什・阿茲哥爾西（Arash Aziz-Golshani），兩個 23 歲的好朋友開始累積 NEI 網路世界公司的股票。他們以 5 美分到 17 美分的價格總共買下 13 萬股，幾乎是全部流通在外的股票，然後他們就開始行動了。

為了掩蓋自已的足跡，他們在加州洛杉磯分校生物實驗室

外營運，使用 50 個不同的假名在 500 個鎖定投資人的網路聊天室發布消息，同時小心翼翼地讓他們的活動猶如學識淵博人士和老練的股市參與者間的合法對話。他們編造故事，提到 LGC 無線電話公司要收購 NEI 網路世界公司。在似乎每一件事都與網路有關、股價都在飆升的股市，誰會懷疑一家叫做 NEI 網路世界公司的公司也在上漲呢？畢竟，一家相似名稱的公司 Webvan 在那個月稍早上市，上市第一天就上漲 66％，在當時這是既不尋常又典型的故事。Webvan 的業務幾乎就和 NEI 網路世界公司一樣是傳統經濟模式的一部分，該公司計畫提供線上雜貨購物與送貨服務。雖然線上訂購的商業模式是很新穎的，但雜貨的送貨並不是什麼新鮮事，幾十年來，好心的社區雜貨店一直雇用當地的年輕人做這件事。

Webvan 預計最初只在美國的 10 個城市營業，但即使有些小型計畫，這家公司在上市時幾乎沒有什麼積極的營運。在 1999 年最後 3 個月的營收只有 40 萬美元，大約是一家規模中等的超市 2 週的營收，同時還累積超過 5,000 萬美元的虧損。然而，在首次公開募股那天，當少數幸運的散戶能夠只以 15 美元購買股票時，股票以 26 美元開盤，然後又漲到 34 美元，似乎每支網路股在上市那天早上都會大幅上漲，在收盤前股價來到 24.88 美元，Webvan 的市值達到 79 億美元。如果

Webvan 有這樣的市值，為什麼 NEI 網路世界公司沒有呢？

　　胡圖恩和阿拉什在聊天室輸入的訊息都鼓勵投資人買進 NEI 網路世界公司的股票，因為「過去幾天的交易量很大，因此知道這筆交易的人都在買進」。兩人沒有說的是，成交量暴增是因為他們在買股票，但是多虧他們祕密的交易，激起聊天室網友間的興奮感。11 月 15 日星期一，這些人成為買家，NEI 網路世界公司的股票在上週五的收盤價是 13 美分，但是在場外櫃檯交易所以 8 美元的價格開盤。胡圖恩和阿拉什開始賣出股票，15 分鐘後，股價達到 15.31 美元。這兩個人還在拋售，而且就像過往的拋售會遏止漲勢一樣，半小時後，NEI 網路世界公司的股價又回到一股 25 美分，胡圖恩和阿拉什賺到 36 萬 4,000 美元。

　　這個違法行為並沒有特別複雜，因此監理機關很快就查到最初是誰買進這些股票、散播謠言、賣股票，以及有誰因此賺到錢，實際上這些問題全都指向同樣的兩個人。僅僅 30 天後，在 12 月 15 日，美國政府以 3 項證券與電信詐欺罪起訴胡圖恩和阿拉什。

　　這成為 1999 年底股價走勢混亂的最好例子。起訴的消息使 NEI 網路世界公司的股價再次上漲，儘管新聞報導準確描述這是一家「在達拉斯破產的印刷服務公司」，它還是在起訴

書公布當天以略低於 19 美分的價格開盤，在消息公布之後，股價最高到 2.38 美元，收盤價為 31 美分，上漲 67％。幾乎與 Webvan 上市那天的漲幅相同，這怎麼可能？

NEI 網路世界公司的名字與網路似乎有很模糊的關聯，而且引起投資人的注意，不過這只是因為它是兩個 23 歲的人犯下證券詐欺罪的工具。有個當天以超過 2 美元的價格買進的人後來提到：「每隔 1 秒，股價就在上漲、上漲、上漲……我想我可以**快進快出**。」到當天收盤時，他沒有「快出」成功，仍然抱著股票。

網路榮景帶給投資人一堆驚人的新產品，這些新產品感覺很神奇，確實也改變生活。試著想像沒有網路瀏覽器或電子郵件的生活會是什麼樣子？接下來你會看到有些投資人把自己與陸續推出的出色新產品，以及提出這些新產品的迷人企業家之間的關係內化，認為自己就像是其中的一分子。

## 免費的網路

網路，以及連結並使用網路的工具，最初是免費的。在 1990 年代後期，大多數仍然是免費的，而且在行家間仍存在一種「反對網路商業化」的執著偏見，認為前景過時和愚蠢的企業家，以及試著在網路上賺錢的企業家，比如創辦 Webvan

並讓公司上市的企業家，在 1999 年 11 月還是不清楚要如何讓網路賺錢。

網路是 1970 年代由美國國防部開發，不只要接受無政府狀態，還得利用這種狀態。令人驚訝的是，國防部開發的系統竟然沒有中央集權的控制。理論上，任何人都可以連上網路，儘管網路最初的目的是讓學術研究人員連接到少數遙遠的超級電腦，並分享研究成果。究竟是什麼讓網路發揮作用，又是什麼讓網路現在可以持續產生這麼多功能？這不是一個硬邦邦的架構，而是一個技術協定，讓任兩台電腦在沒有電話所需的那種固定電路下傳遞資訊。網路會傳送數據「封包」，這些數據封包會透過單一數據封包通過的節點，轉發到接收者的位址。缺少中央掌控，意味著即使網路有一部分發生故障，數據封包也會到達目的地，正是這種能力吸引國防部的注意。

在網路首次正式使用的時候，沒有人會想到要用來進行商業活動，它是一種學術工具。雖然它的運作概念很簡潔，但整個過程非常複雜。使用網路來連到一台超級電腦或分享數據，需要對電腦語言和程式設計語法有深入的了解，熟練的人才能成為現代埃及抄書吏。

網路的原始版本就像一條通往不同房間的神奇走廊。一些房間裝上超級電腦，其他房間則儲存大量的數據，研究人員把

這些數據拼湊起來，回答我們宇宙的基本問題。但到了 1989 年，不同的電腦平台、作業系統和應用程式增加，這造成其中有許多門被研究人員鎖起來，這些研究人員在對應的電腦語言或平台的形式上並沒有特定的鑰匙。

提姆・伯納斯李（Tim Berners-Lee）是在瑞士歐洲核子物理研究中心工作的物理學家。歐洲核子物理研究中心擁有粒子加速器、超級電腦與眾多科學家，最初的網路原本是這個研究中心使用的設施。但是伯納斯李意識到，網路最初免費的承諾，已經被專業技術的爆發性成長所摧毀。1989 年，他向上司建議歐洲核子物理研究中心開發一個網絡來管理所有的資源，並讓使用者透過共同的超文本電腦語言（本質上是一把萬用鑰匙）來取用。根據伯納斯李的說法，他提出的網路原來稱為「Mesh」，要把每個連結的資訊系統看起來像「一種假想資訊系統的一部分，每個人都可以讀取」。Mesh 最後就成為「全球資訊網」。

儘管如此，Mesh 依然是歐洲核子物理研究中心科學家的一項工具，而且沒有人想過要把全球資訊網用在商業上。登入其中的人會試圖弄清楚大霹靂之後的那一刻發生什麼事，而不是如何賺到 10 億美元。為了鼓勵尋求「大霹靂之後的那一刻發生什麼事」的答案，以及加速全球資訊網的採用，歐洲核子

物理研究中心決定在 1993 年 4 月將全球資訊網置於公共領域，讓全球資訊網可以對任何人和任何事物永遠免費開放。這種平等主義的精神值得稱讚，不過這也阻礙接下來幾年來到這裡並想要用網路賺錢的每個人。

全球資訊網現在是免費的，而且比原來的網路更容易使用，但使用**還不是很容易**。伯納斯李的超文本令人生畏，即便超文本是每個人唯一需要掌握的語言。它的運作方式更像一台打字機，而不是一台真正的電腦，因為它一次只顯示一行文字，不過即使如此，它還是能在 NeXT 品牌工作站上運作，NeXT 是賈伯斯被蘋果公司開除後創立公司。

歐洲核子物理研究中心並不是唯一創造網路的地方，伯納斯李也不是唯一意識到網路是個落空承諾的人。馬克·安德森（Marc Andreessen）是伊利諾州大學電腦科學系的畢業生，曾在學校的國家超級電腦應用中心兼職。安德森意識到全球資訊網對研究人員來說是一種進步，但是對於想要專注在科學、而不是學習全球資訊網所需的超文本語言的人來說仍然有阻礙。因此，他開始寫程式，把蘋果公司和微軟多年來一直使用的滑鼠點擊功能引進用戶和全球資訊網之間的介面。

安德森的 Mosaic 網頁瀏覽器在 1993 年 1 月 23 日星期六一早上市，而且是以滑鼠點擊來顯示。全球資訊網的使用

者不再面對帶著閃爍游標的綠色螢幕，或是只是為了開啟一支程式就得鍵入 10 幾個精確的文字。《紐約時報》一篇報導 Mosaic 網頁瀏覽器的標題〈巨量資料存取只需點擊一下〉引起讀者的注意，報導稱瀏覽器是「一支實在不同、又明顯很好用的應用程式，它可以從零開始創造一個新產業」。到那年年底，Mosaic 網頁瀏覽器已經被下載幾十萬次，把網路開放給這麼多的人，以至於網路流量遠遠超過全球資訊網的負載量。而且，與研究人員的價值觀一致，它是免費的。

即使在安德森畢業、搬到矽谷，並為傳奇企業家吉姆‧克拉克（Jim Clark）工作，在後來的 Netscape 通訊公司建立一個全新的網頁瀏覽器之後，他還是決定讓網頁瀏覽器（而且實際上是與全球資訊網有關的每件事情）依然免費給使用者使用。這個全新的概念是網路獨有的，其他軟體並沒有免費，而且沒有人期望它是免費的。當安德森和他的程式設計師團隊完成全新的 Netscape 瀏覽器時，有個同事建議應該要收取 99 美元的費用。Mosaic 瀏覽器的下載量證明瀏覽器是有市場的，而且 Netscape 的版本取了很貼切的名字「領航員」（Navigator），遠比 Mosaic 瀏覽器還優異。考量開啟網頁的能力，以及《紐約時報》對 Mosaic 瀏覽器的熱烈評論，99 美元的價格會讓 Netscape 瀏覽器感覺很便宜。

這家公司當然不是慈善機構。克拉克已經承擔創辦公司的所有資金，總共花了數百萬美元，這占他很大一部分的淨資產，因此他需要 Netscape 獲利。但當他自問，如果網路的一切都免費，那麼 Netscape 或任何公司怎麼在網路上賺錢？他後來寫到：「我還沒有一個具體的答案，但是我認為透過全球資訊網和 Mosaic 瀏覽器操控的網路已經倍數成長，你忍不住想要賺錢。這只是大數定律在運作，即使每個使用者都收一點錢，都會產生一個大事業。」

　　在 1994 年 10 月 3 日發布的新聞稿中，Netscape 宣布「透過網路，免費提供用戶全新推出的 Netscape 網絡領航員」，並引述安德森的話：「讓網路使用者免費使用 Netscape 瀏覽器，這是 Netscape 通訊公司在全球網絡中，對於創新資訊應用爆發性成長的貢獻方法」。它肯定已經做到這點，但是 Netscape 瀏覽器並沒有讓每個使用者產生克拉克認為能讓自己致富的微薄收入。

　　Netscape 瀏覽器可以免費把一般使用者帶到全球資訊網上任何想去的地方，但是要去哪裡呢？很多人使用全新 Netscape 瀏覽器的人都去了雅虎。[2]

# 一個由 2,500 萬人構成的新市場

雅虎是以簡單的線上網站列表起家,兩名史丹福大學電機工程博士畢業生所創立。楊致遠(Jerry Yang)和大衛·費羅(David Filo)在 1994 年 2 月開始列表,當時他們應該要認真寫論文,但是到了秋天,這個列表每天的點擊量已經達到 100 萬次,而且有接近 10 萬個不重複訪客(這是用來衡量網頁的受歡迎成長程度與內容的缺乏程度)。兩個人很快把原先列表的名字「傑瑞和大衛的全球資訊網指南」縮寫成雅虎。

在 Netscape 瀏覽器上市那時,雅虎是上網很合理的起點。入口網站提供新聞、金融、體育和早期粗略的搜尋引擎。雅虎藉由增加電子郵件、遊戲、天氣和地圖資訊來讓訪客更「黏著」在網站上,不會到其他網站。

網路泡沫實際上是從 1995 年開始,當時企業家透過美國線上和 Netscape 公司統計在網路上的美國人數量,意識到這是一個由 2,500 萬人構成的龐大市場。一些對外開放的網頁開始試著賣些東西。亞馬遜網站是一家網路書店,在 7 月開業;eBay 是前蘋果電腦程式設計師皮埃爾·歐米迪亞(Pierre Omidyar)的一個業餘計畫,稱為「拍賣網頁」(AuctionWeb),在剛過美國勞動節後在他的個人網站上開業。歐米迪亞的目標

是建立一個網站，可以「在一個誠實又開放的市集裡聚集買家和賣家」。出於對全球資訊網原始精神的支持，eBay 原先給用戶免費使用。歐米迪亞最後還是開始要求賣家寄給他一張支票當做手續費，來貼補他的開銷，但是這整件事的運作全建立在誠信的基礎上。當收到夠多的支票時，他不得不雇用一些人來處理這些信件，因此他把這份業餘愛好變成一個全職工作。

儘管實際上 Netscape 公司沒有銷售任何東西，或是產生任何獲利，但公司的股東卻正在賺錢。這家公司在 1995 年 8 月以一股 28 美元的價格上市，上市第一天的收在 58.25 美元。到了該年結束，股價則是 139 美元。

## 受媒體追捧的科技新貴

在美國，標準石油公司的創辦人約翰・洛克斐勒曾是最惹厭的人，他不僅在石油和煤油市場打敗競爭對手，還將價格壓到低於生產成本，無情地擊潰對手。洛克斐勒威脅說，如果不按照他規定的條件賣產品給他，就會羞辱並毀滅他們。洛克斐勒最終掌控這個市場，使劃火柴照亮世界成為可能，而不是詛咒黑暗。這樣一來，他成為美國最富有的人，從很多方面來看他也是有史以來最有錢的白手起家者。[3]

1990 年代的網路企業家可能同樣被人記恨。他們掌控最

初由納稅人資助的網路，並試圖從中賺錢。大多數經營軟體和硬體平台的巨頭，都創立無法在其他平台上運作的專有生態系統，一旦用戶使用微軟 Windows 或蘋果的作業系統，往往會被收取相應的費用。有些巨頭借鑑洛克斐勒的經驗，選擇完全不收費，並不是出於信奉全球資訊網平等主義的本源，而是為了建立市場占有率並徹底擊垮競爭對手。全球資訊網仍被視為新穎而非必要的東西，因此對一般受到吸引的用戶、而非憤怒的用戶而言，就失去這種高明的戰略意涵。

　　一些尚未登入的使用的人，被他們以為隱藏其中的技術複雜性嚇到，因此他們嘲笑這整件事，但令人驚訝的是，他們卻放過讓軟體運作的程式設計師。這些程式設計師在高中都是臉色蒼白、被眾人嘲笑的孩子，但隨著他們的財富累積，讓人心生忌妒，這種蔑視很容易演變成某些更為刻薄的話。不過，隨著一般美國人意識到網路的存在，並開始探索，他們並沒有詛咒這些巨頭，而且大多數人都設法克服這種複雜性的恫嚇。他們反而對網路會帶領自己到哪裡，以及那些人讓這件事成為可能感到著迷。大多數美國人第一次看到馬克・安德森的照片是在 1996 年 2 月 19 日，當時他出現在《時代》雜誌的封面上，只穿著一件休閒的黑色襯衫和牛仔褲，而且赤腳，同時坐在鍍金的寶座上。封面故事描述他是「即刻投資人」（instantaire），

指的是他從 Netscape 公司上市賺到的錢。惹人厭的洛克斐勒只有穿夾克、打領帶，才會出現在公眾面前，而且除了家人以外，其他人都很難想像會看到他穿著普通人在穿的衣服，更別說打赤腳。而即使還不是很討喜，但也讓人著迷的安德森，卻以這樣的裝扮登上一份全國性的雜誌。

　　隨著更多以網路為基礎的企業創立，過去對企業家而言，創辦人以這個方法成為名人是很罕見的事，對於只是既有企業經理人的執行長們，更是不可能成為名人。不過到了 1995 年，蘋果的共同創辦人賈伯斯和史帝夫・沃茲尼克（Steve Wozniak）已經是家喻戶曉的名字，比爾・蓋茲也是如此。賈伯斯在 1982 年首次登上《時代》雜誌封面，那時他 26 歲，之後在 1997 年和 1999 年再次登上封面，蓋茲則是在 1984 年 4 月首次登上封面，從 1995 年 6 月至 2000 年大約每年登上封面一次。1995 年的一個封面大膽稱他是「宇宙大師」（Master of the Universe），並說他已經「征服全球的電腦」，就像大多數美國人發現網路一樣，美國線上執行長兼董事長史帝夫・凱斯（Steve Case）也登上《時代》雜誌和《新聞週刊》封面。亞馬遜創辦人傑夫・貝佐斯是《時代》雜誌 1999 年的年度風雲人物。其他讀者則是傾心於楊致遠和大衛・費羅如何創建最受歡迎網站 Yahoo 的迷人故事，輕易就忘記他們是全球最有名的電腦科學

系博士生。

　　另外兩名史丹福大學的學生賴瑞‧佩吉和謝爾蓋‧布林在
1998 年推出 Google 時，由於提高的網路搜尋效能令人驚異，
因而聞名。大家使用安德森、賈伯斯和蓋茲創立的平台造訪貝
佐斯的亞馬遜、佩吉和布林的 Google，以及費羅和楊致遠的
雅虎，投資人也買這些企業家創立的公司股票。這種對創辦
人、公司和平台的喜愛，最終會對投資人造成危害，因為這形
成一種情感依附，接受這些創辦人和他們的公司與眾不同的感
覺，而這種感覺會影響投資人。

　　這種全新的名人類型有一部分是由股市所驅動。從 1994
年底至 1998 年底，納斯達克指數上漲到將近 3 倍，在這段期
間每年至少上漲 20％。微軟在這段期間上漲 808％，雅虎從上
市時的價格到 1998 年底的收盤價上漲 5,368％，而讓 60％美
國人上網的美國線上則在這段期間進行 5 次股票分割後，上漲
8,764％，其中光是 1998 年就進行 2 次股票分割。這些公司的
創辦人這下都變得既富有又有名。

## 全新技術帶來的感受

　　正如我們從牛頓和南海公司的故事中學到的事情，儘管大
多數的現代經濟學理論都認為人類會做好精打細算，但就連最

有分析能力的人都不會只是經濟計算機。我們不喜歡損失的程度比喜歡獲利的程度還大，這在數學上並不合邏輯，但是在網路泡沫期間，很多投資人似乎都認為不可能會虧錢。這些投資人變得過度自信，而且推斷過往的報酬會延續到遙遠的未來，就像牛頓在南海公司股價大幅反彈期間做的事情。網路本身會增加投資圈的社交活動，就像 1720 年代交易弄附近的咖啡館為投機客提供的功能。即使經過將近 280 年，人類的偏誤依然沒有改變。只有公司的名字是新的。

隨著網路泡沫的膨脹和新企業的創立，這些故事，以及對這些故事負責的人，往往會變得比他們創立的公司經濟前景更為重要。不只一位學者表示投資人想要成為這場正在發展中戲劇的主角，並藉由使用特定產品和買下製造這些產品的公司股票來達到這個目標。但是股市往往充滿戲劇性事件和個性，是什麼讓網路泡沫如此特別？

有個不同之處在於，這場心理戲既有外部要素，也有內部要素。投資人看到泡沫膨脹，並允許社會動態和從眾效應推動他們前進，這是外部要素，就像牛頓在南海公司泡沫期間被牽著走，以及數百萬投資人在其他泡沫期間被拉著走的情況。但是對於很多投資人來說，這場戲的情節也有非常個人面的。投資人將對網路和網路企業家如何改變他們個人，以及讓他們感

覺很獨特的感受內化。

　　戲劇性事件的外部要素使顯著性偏誤（salience bias）增強。顯著性偏誤是投資人往往會專注在明顯突出的公司，而忽視其他公司。這種偏誤會因為新近程度和活躍程度而強化，而且大量的新聞報導，會使得投資人更關注與網路有關的絕大部分事物，同時這一切的新近程度全都提高了活躍程度。理查‧塔夫勒（Richard Taffler）教授和大衛‧塔克特（David Tuckett）教授強調，投資人總是會遇到事件不確定與模稜兩可的情況，這個時候，「情緒和心理狀態會決定對資訊和實際情況的理解方式」。他們提到，隨著與網路相關的媒體報導和口碑增加，「這樣的關注會使擁有網路股票的內心渴望加倍放大，透過如此誘人又公開的方式展現出來：他們都具有幻想標的所需的特徵，包括超級、全新、可展示，更不用說能因此富有了。」

　　使網路泡沫與眾不同且更加危險的是，隨著投資人開始試著了解網路，以及網路對自己身分的影響，而不只是對自己財務狀況的影響，這些外部線索被內化了。塔夫勒和塔克特提到這種情況是如何發生的：「對主觀體驗的精神分析方法，把感覺集中在與個人認知分開的心理作用上。有個人可能會『感覺』自己擁有『它』，同時保持完全清楚的認知能力，如果這種能力很突出，就會讓一個人看到這是一種嚴重誇大。在幻想

中，藉由持有網路公司的股票，投資人可能會不知不覺地感覺自己天生就有創業家的實際本質，成為『投入』新圈子的一員，並擁有與童年主要幻想對象相同的意識。」[4]

這種創新技術似乎非常強大，能把人傳送到新的地方，這些人在被傳送的時候會感覺自己無所不能。與之前任何泡沫相比，出現更多的情況是，這些投資人覺得重要的是對一家有潛力公司的**感覺**，而不是對這家公司的商業模式或資產負債表的感受。這些公司的股票和具傳奇色彩的創辦人呈現出一種與現實情況脫節的情感面。投資人總是會深陷股市泡沫之中，但是這次不同，因為這次不只是更高價之後再創高價；是的，這次泡沫還伴隨著新技術，這些新技術在過往鬱金香球莖和房市價格出現泡沫的時候並不存在。過去這種情感面是保留給體育英雄和電影明星的，新網路公司就像這些明星能透過想像感染人一樣，也可以感染投資人。畢竟，收藏家為什麼要付幾千美元來買一張明星棒球選手的新秀球員卡？如果不是可以把他們帶回年輕的時候，看著他們的英雄在陽光燦爛的日子裡上場，以及他們對比賽的熱愛尚未被無法擊到旋球或成年之後的現實情況侵入所影響？同樣的幻想也發生在投資人不理會對獲利能力的擔憂（如果他們擔憂過的話），而且買進網路股票是因為使用一種全新的技術帶給他們的感受，這些投資人已經進入一種

財務的神遊狀態。

　　這種狀態不是某個人可以「擺脫的」，因為以這種方式感受的投資人已經藉由體驗而改變。1999 年，這種改變往往是願意用全新的評價方法來看待股票，因為在這些公司之中，有很多公司承諾要改變世界，有些公司承諾的是小幅的改變，有些公司則承諾要帶來深遠的改變，而且投資人想要驗證這件事，讓自己用可能是最專業的方式來參與：藉由買進股票來成為他們新英雄的「商業夥伴」。

　　投資人面對的問題是泡沫不可能永遠膨脹，就像塔夫勒和塔克特指出的，這種迷戀的心理階段會遵循一致的精神方向，這與精神科醫生伊麗莎白‧庫伯勒‧羅斯（Elisabeth Kübler-Ross）的悲傷五階段不同。[譯註]首先，看多的投資人先是對新事物感到著迷，接著開始很興奮，然後狂熱。然而，當泡沫不可避免地破滅時，狂熱被討價還價所取代，接著是恐慌，然後是厭惡，最後以責備來結束這個循環。1999 年結束時，陷入網路泡沫的投資人正處於狂熱階段。

　　那年，納斯達克指數上漲 85.6％，受到情緒感染的投資人仰賴一系列全新、模糊的評價指標，就像 1720 年試圖評估南海公司價值的小冊子所做的事。一些網路股分析師提到，對嘗試賣些東西的網站來說，「參與購物者」（engaged shopper）是

很重要的衡量標準，不過每個人對於是什麼東西構成一個「參與購物者」，則有不同的概念。瀏覽量或每月不重複訪客成為雅虎和其他沒銷售任何東西的網站偏好的指標，至於仰賴廣告的網站則有另一個受歡迎的指標，那就是「吸睛數」。

有些分析師甚至創造一個新詞來證明自己最喜歡股票的評價是合理的。1990 年以前，「心占率」（mind share）這個詞在英語中幾乎不存在，而且隨著這 10 年來的演進，這個詞的使用量緩慢增加，直到投資人緊抓住這個概念，把它視為買進相對知名或擁有大量心占率的網路股票的理由，即使這些公司產生的收入很少，公布的財報還在虧損。[5]

這個評估股市價值的新方法最違反常理的地方，並不是忽略幾個世紀以來一直仰賴的各類衡量標準，而是嘲笑那些衡量指標不只無關緊要，而且很危險。有位分析師很直接地說：「在決定何時該賣出高成長股票時，評價往往不是有用的工具。」

就像 1720 年的小冊子所顯示的，可以透過很多方法來評估一家公司的價值，但是在 1999 年以前，幾乎每個投資人都同意本益比是很重要的指標。股票的交易價格是多少？公司為

譯注：伊麗莎白‧庫伯勒‧羅斯的悲傷五階段包括：否認／隔離、憤怒、討價還價、沮喪與接受。

在外流通的每一股股票創造多少獲利（這個指標通常稱為「盈餘」）？本益比是衡量這家公司需要多少年才能以獲利的形式收回成本的指標。如果這個數字非常高，像是雅虎這樣的公司，那麼投資人預期他們的獲利會增加。如果一家公司沒有產生任何獲利，像是很多網路股票，那麼投資人預期他們會停止虧錢，並開始賺大錢。本益比數字並非萬無一失，它只是一個傳統的評價指標。納斯達克指數的本益比在 1995 年以前從未超過 21 倍，到了 2000 年 3 月時，這個數字接近 100 倍。

投資人應該問問自己：如果傳統的評價指標沒有幫助，那麼什麼指標才有幫助？吸睛數？心占率？還是一種溫暖、模糊的感受？

一些公司的創辦人甚至認為獲利是給傻瓜看的，他們害怕如果產生獲利，投資人就會判斷他們不太有意願透過燒錢來努力獲得吸睛數、瀏覽量或心占率。但是投資人會說服自己是這些新網路名人的合作夥伴，而且只要忽略獲利能力等無聊乏味的指標，就可以改變世界，因為這一次的情況不同。

投資人很容易因為令人興奮的新公司而昏頭，或是用心理學家的話來說，忘我（transported）。但是，雖然像吉姆‧克拉克和馬克‧安德森等創辦人可能認為自己有個使命，不過他們最終還是打算要賺錢，只是不知道要如何讓這件事成真。偏偏

對投資人來說，這是個問題。就像專業交易員說的，那些昏頭的人會去做他們想做的事。

## 有些事情比賺錢更重要

有幾個市場泡沫和隨後的空頭市場，只是單純因為對某件物品的價值有不同的看法，而不是假設它會改變世界。1630年代鬱金香球莖價格的泡沫與價格有關，沒有人認為球莖會改變世界。南海公司的股票泡沫跟價格有關，雖然一些投資人被誘騙，相信與南美洲的交易證明會有非常大的利益，但這種交易的本質很好理解。少數人爭論的只是它會發生的頻率。

1920年代的股市泡沫主要還是價格，雖然其中有些是受到新科技所驅動，這些新科技確實會改變世界。在之前的10年間，汽車變得普及，汽車製造商也是投資人間的熱門話題；另一項新技術是商業廣播，很多人描述說這是「空中音樂」，它在1920年代蓬勃發展。雖然在1921年底只有5家商業廣播電台存在，但僅僅6年後，隨著美國家庭花在收音機上的錢增加至10倍，有超過680家商業廣播電台擠滿無線電波各波段。美國無線電公司（RCA）在1919年成立，進入1920年代時，股票在「黑市」交易，實際上就是一群交易員聚集在紐約證交所外的人行道上，交易不太重要的股票。美國無線電公司在

1921 年的收盤價是 2.25 美元，但是在 1929 年達到 570 美元的高點。

雖然無線電是吸引人的新技術，但是美國無線電公司只是道瓊指數 30 檔成分股中的其中一檔股票，其他受歡迎的是老牌的工業公司，像是美國菸草公司、美國橡膠公司、伍爾沃斯公司（F. W. Woolworth），以及美國製糖公司。沒有人認為這些公司會改變世界，但這 10 年過去，它們的價格都被墊高了。

1987 年 10 月股市的反彈突然結束，是由於較低的利率、增加的企業獲利，以及對美國在世界上的地位信心復甦所帶動，這些事情都讓美國公司變得更有價值。但這並不是因為有些革命性技術出現所驅動。

1990 年代後期的網路泡沫不同。實際上，或許最適合比較的例子出現在近兩個世紀前，當時一種革命性、個人化的方式，讓投資人興奮到沖昏了頭。1830 年，第一條商業客運鐵路利物浦與曼徹斯特鐵路開通，連結到英國工業革命的中心。很快的，其他鐵路也建造完成，並以大家認為不可能的方式運載送乘客，當時要從一個城市到另一個城市並不常見，而且依賴馬車來移動是骯髒又耗時費力的，再加上工業革命的進展，以及因為利物浦到曼徹斯特鐵路開通，證明鐵路建造有利可圖，政府開始贊助鐵路建造，英國認為他們的世界已經以奇

蹟般的方式改變與擴大。「明白這個道理」的人成為投資人，數公英里長的鐵路被建造出來。但是當英格蘭銀行在 1845 年底提高利率時，資金流乾涸，泡沫也隨著現實情況干擾而破滅。可以預見的是，許多「明白鐵路建造有利可圖」的人都被愚弄了。

投資就是要賺錢，因為投資人是人，所以有時會忘記這點，並尋求一種感官刺激，透過投資，他們會成為一項比金錢更重要的行動的一部分。肯定有些事情比錢還重要，舉例來說，數百萬的美國人明白拒絕投資生產菸草產品的公司，但是這個論點也有另外一面：一家目的在改變世界的上市公司可能值得你資助，但是只憑這點並不值得你去投資。

## 第二波網路企業

網路上一切都應該免費的精神，總是無法抵擋可能會賺到大錢的想法。Netscape 公司的吉姆‧克拉克不只想要賺錢，他還需要賺錢，而他的競爭對手不會讓他那麼輕鬆賺錢。比爾‧蓋茲的微軟公司在 1995 年推出自己的網路瀏覽器 IE，這是免費的，而且與當時主流的作業系統 Windows 綁在一起銷售。對於剛開始接觸瀏覽器和全球資訊網的人來說，使用微軟預先安裝的瀏覽器比下載 Netscape 公司的瀏覽器還來得容易，所

以很多人就這樣做了。

1998 年 11 月，Netscape 公司同意以 42 億美元的價格賣給美國線上，這是第一個客觀的跡象顯示可以從網路上賺到很多錢（但是這並不容易，而且賺到的錢也不會沒有極限）。對投資人來說，另一個跡象是美國線上支付的價格，比併購交易宣布前估計的 Netscape 公司價值有些微折扣。[6]

最早的網路企業是以網際網路為核心，沒有網際網路，網路企業就不會存在，對一般使用者來說，這些公司（包括美國線上、Netscape 公司和雅虎）**都是網路**。但從 1998 年一開始，到 1999 年一整年，第二波以網路為主的企業如雨後春筍般湧現，它們利用網路做以前親自、藉由信件或電話來完成的事情。如果可以賣東西，有人認為可能會將網路上成立的銷售寵物用品、手提包、電影短片或餐廳推薦的公司賣掉。這些公司的創辦人都沒有想到他們的公司最初有利可圖，而且大多數的人並沒有明確的獲利途徑，他們不像吉姆‧克拉克那樣相信網路會變得如此之大，大到使每個人致富。即使網路的一個面向一直在花錢才能真的讓使用者連上網路，不過到 1998 年也被取代了，當時 NetZero 和其他網路服務供應商開始免費讓使用者連上網路。從 1999 年開始，眾人能夠舉出一直透過網路賺錢的公司只有兩家：一是《華爾街日報》，它在 1996 年上線，

而且逆轉潮流，幾乎從第一天就開始收取訂閱費；另一個是色情內容供應商。就只有這些。投資人應該要注意這件事了。

Webvan 是第二波浪潮中的一分子。幾個網站，像是 ShoeMall.com 和 Shoebuy.com 是在購物者仍然希望購買鞋子前先試穿並四處走動的時代開業的。網路快遞公司 Kozmo.com 的推出，則是要銷售並運送附近便利商店可以找到的大部分商品，包括糖果、冰淇淋、現煮咖啡、書籍和出租錄影帶。Kozmo 最終從亞馬遜和星巴克等合作夥伴那裡募集到超過 2.8 億美元的創投資金。儘管 Kozmo 負責國際業務的副董事長坦承，他告訴潛在投資人：「公司現在之所以存在，但經營困難的其中一個理由，是公司與 50 年前到 100 年前希爾斯百貨在美國創立的郵購目錄銷售模式並沒有什麼不同。」不過所有事情都還是發生了。這家公司在 2000 年 2 月宣布會在未來 5 年付給星巴克 1.5 億美元，引發轟動。這家連鎖咖啡店則會退還 2,500 萬美元做為創投資金，但是剩餘的 1.25 億美元則交換讓 Kozmo 在門市內放置品牌回收箱，用來歸還租借的錄影帶。1999 年 Kozmo 做的事情沒什麼神奇之處，除了喜歡召喚創投公司手持支票現身以外。[7]

即使是透過網路銷售狗糧和貓砂的公司，在 1999 年也很火紅。從 1999 年 1 月至 2000 年 3 月，每個月大約有一個網站

會成立，向 60％養寵物的美國家庭銷售狗糧、貓砂和其他寵物用品。這個市場每年總值 230 億美元，但主要是由實體連鎖店 PetSmart 和 Petco 提供服務，這兩家公司都以必要又冷酷無情的效率經營，一般是由散裝商品創造 2％至 2.5％這種微薄的毛利。但有個網站創造一個造假的身分。

1998 年 8 月，美國連續創業家葛雷‧麥克蘭莫（Greg McLemore）創立 Pets.com。隨著網路泡沫膨脹，任何一個好的網域名稱配上體面的商業構想都是有市場的，而麥克蘭莫在隔年初將他剛起步的 Pets.com 賣給創投公司悍馬溫布萊德公司（Hummer Winblad）。不過這項事業從來就沒有前景。PetSmart 和 Petco 已經推出自己的網站，而且還有來自超市和大型零售商的額外競爭，顯示出毛利只會一直縮小。這個事業也可能會很好，許多成功的企業都是以非常低的毛利經營，但是 Pets.com 的毛利率是負數，付給產品供應商 1 美元，只能從客戶那裡收 43 美分。Pets.com 的執行長茉莉‧溫萊特（Julie Wainwright）稱這是「打造領先優勢」。而且這是在付出管理費用、運費、300 名員工的薪水和行銷費用之前的數字，Pets. com 在行銷上投入大量資金。從 1999 年 2 月至 9 月，Pets. com 的總營收只有 61 萬 9,000 美元，但是在廣告上花了 1,180 萬美元。11 月，它在紐約市梅西百貨的感恩節遊行上支付自

己的花車費用，Pets. com 在超級盃期間也耗資 120 萬美元在 30 秒的廣告上。

　　2000 年的超級盃就像是 10 多家新興網路公司的畢業舞會，他們競相打造「領先優勢」，同時建立心占率與品牌知名度，而不是獲利和永續的事業。LifeMinders.com 是為了從訂閱者那裡蒐集私密的個人資訊，並傳送帶有廣告的電子郵件來提醒像是紀念日、生日等資訊而創立，它花在超級盃上的 120 萬美元廣告只用了 30 多秒的刺眼螢光黃色背景，配上黑色字體，宣稱：「這是超級盃最爛的商業廣告。」這個圖形搭配的是鋼琴初學者不停彈奏《筷子》（*Chopsticks*）這首不成調的主旋律。

　　偏偏還有一家名字是傳染病（Epidemic.com）的公司播放的一支廣告，顯示一位男性因為在公廁洗手而獲得報酬，對於一家公司名稱沒有說明是做什麼生意、反而像是描述傳染病廣泛發生的公司，將這個廣告與公司名稱並列實在很奇怪，因為傳染病太常是手沒洗乾淨引發的。整件事情的循環本質，掩蓋任何行銷的訊息。這家公司的全國客戶經理後來坦承：「這個商業廣告幾乎沒有引起消費者的反應……」而在公司倒閉之後，所有人已經知道的事情得到證實，同時公司仍欠 60 名員工最後的薪資。

Pets.com 花 120 萬美元買下 30 秒音樂走調的廣告，充滿這家公司的襪子玩偶吉祥物，搭配芝加哥樂團懇求別離開的情歌《如果你現在離開我》（*If You Leave Me Now*）。所有的努力都是要讓寵物主人透過網站訂購商品，並提供運送服務，而不是留寵物在家，哪怕只有很短的時間。透過超級盃廣告這個成功企業的傳統標誌，似乎網路上這些新企業試圖要說服投資人，他們的特定公司或經營這些公司的人並不是什麼幻想。這種方法之所以有效，只因為還有其他心理癖好在發揮作用。8

## 練習財務正念

　　近因效應（recency effect）是一種記憶的現象，這是指最近遇到的事情最容易想起來。事實證明，投資人很有可能買下最近碰到的公司股票，而不管這家公司的前景、獲利，或是基本面展望。牛頓在 1720 年擁有的投資選項很少，至少在眾多泡沫公司上市之前是這樣，但是在 1999 年，有超過 7,200 家公司在美國交易所上市。牛頓很容易列出所有可以投資的股份公司，而在 1999 年，需要驚人的記憶力才可以記住一小部分的上市公司，因此現代投資人往往關注在最近遇到的股票上。

　　這種傾向會讓一般投資人可以得到的投資選項範圍大幅減少，他們的注意力有限，因此往往會買進不論何種原因凸顯在

市場上的股票。問問自己，在標準普爾 500 指數中（美國金融界最重要的股價指數）有多少支股票？你可以說出這些公司的名字嗎？你會如何考量投資在標準普爾 500 指數中自己記不住的股票？這些股票可能根本不存在。那美國其他 3,500 家左右的上市公司呢？

如果只能記住美國一小部分的上市公司股票，那麼你實際投資的公司一開始是如何引起自己的注意？通常一個投資人聽聞某檔股票只是因為最近那檔股票的價格有大幅波動，或是經歷到交易量遠高於平均的情況。這兩個因素都值得關注，但都不必然會推薦一家公司成為長期投資標的。也許這家公司經常被媒體提到，是因為它有個很有魅力、但很沒有效率的執行長？或是這家公司之所以出現在新聞上，也許是因為它是一個 23 歲的藥學系學生和他的朋友「拉高出貨」的計畫標的。

近因偏誤（recency bias）以好幾種方式來產生較差的投資報酬。一種是破壞分散投資的嘗試。儘管分散投資有不可否認的好處，但是透過近因偏誤和顯著性偏誤來減少可投資的範圍，會使投資組合的分散程度低於應有的程度。受近因偏誤與顯著性偏誤的投資組合，也會讓投資人加碼離自己很近的公司股票，儘管這些公司受在地經濟蕭條影響，面臨景氣不佳而解雇大部分員工的時候，將投資分散在遠離它們總部附近的公司會

特別有優勢。最後，這些偏誤導致投資人持有太多所處產業的公司股票，即使自己在的產業面臨艱困時期。再次強調，分散投資在其他產業會有優勢。投資人最不需要的就是丟掉工作，同時因為對所處產業的公司有高得不成比例的投資，讓自己的投資組合績效變得特別差。[9]

近因偏誤還會損害績效，因為會引導投資人相信最近的績效表現（這點很容易想起來）會繼續持續到未來，沒有考量長期趨勢或基準情況。這種傾向導致牛頓從接近最高點的價格買回南海公司的股票，相信即使長期趨勢（也就是基準情況）是南海公司的股票價值1股100美元，它仍會持續其驚人的上漲。在相關的癖好中，近因偏誤會導致投資人在低點認賠殺出，因為他們認為下降趨勢會持續，就會開始出現損失趨避。

現成偏誤（availability bias）與近因偏誤和顯著性偏誤密切相關。現成偏誤是傾想使用容易回想到的記憶來估計某件事情發生的機率。[10] 這些記憶通常是戲劇性的，因此無法代表日常事件。愈容易想起的事情，我們對它發生的機率估計就會愈高。舉例來說，近期有熟人離婚的人，對總人口中的一般離婚率的估計就會較高。對於近期的犯罪受害者來說，情況也類似。而且我們往往會高估最戲劇性死因的機率，像是謀殺（美國在2017年提報有19,454起凶殺案），並低估不起眼的死因，像

是慢性下呼吸道疾病（那年奪走 160,201 條人命）。[11]

　　同樣的，你會很容易回想起過往經歷過的任何股市崩盤，並說出很多你沒有親身經歷過的事情。現成偏誤扭曲人對股市崩盤機率的看法，這對投資人產生實際影響。除了過度自信的人和相信罕見事件不可能發生的人以外，許多投資人往往會把資金配置放在現金上，就好像發生另一場崩盤的可能性比實際情況大很多一樣，而且他們的報酬會受到影響。因此，他們過於擔憂與 1929 年或 1987 年相似的股市崩盤，並跟著調整持股，但不太擔心過早開始儲蓄，或是承擔符合他們年齡的風險，或是他們的投資被收取的費用多寡。為什麼我們更加關注異常事件，很少關注一般事件呢？這很大的程度與不平常的事件所產生的情緒有關。

　　正如商學院教授艾瑞克・強森（Eric Johnson）和諾貝爾經濟學獎得主、心理學家阿莫斯・特沃斯基（Amos Tversky）在 1983年所指出：「將風險判斷和其他估計區分開來的一個特徵……是它們很少出現在沒有情緒影響的背景下。當目睹一項事故或讀到一篇自然災害的雜誌報導時，我們不僅會修改自己主觀判斷的機率（受現成偏誤影響），也會感到震驚與不安。」

　　強森和特沃斯基繼續進行一項操控情緒的實驗，他們稱為「影響」實驗，讓受試者閱讀一篇悲慘事件的簡短新聞報導。

這種對受試者情緒的「誘發」，會使他們估計許多高風險和令人討厭的事件出現機率會增加，但很多情況與剛剛閱讀的新聞報導毫無關係。舉例來說，讀到一個學生死於白血病的新聞，會使受試者估計死於飛機失事或雷擊的機率增加。奇怪的是，用一個積極、令人振奮的報導來誘發受試者的情緒並不會有相同程度的影響，這種效果只會對一種方向有效。

　　想像一下，聽到今天股市下跌 5％，你的決策會受到什麼影響？現在想像一下當得知今天股市上漲 5％，你會做出什麼反應。明顯的危險是，任何可能「誘發」情緒（emotion）的新聞都可能驅動（drive）今天的投資決策（我們使用的「emotion」這個詞來自拉丁語，意思是「驅動」）。今天的決定帶來的影響會在接下來 30 年中產生加乘的影響，即使引發整個情緒和後果的消息在 30 年後幾乎肯定會變得無關緊要。

　　長期以來，我們認為投資人就像是電腦一樣，每個月存入適當金額的錢，而且只有對所有可取得的投資標的風險、潛在報酬、投資組合建構與投資時間範圍進行嚴格的分析之後，才會把錢投資下去，而不只是投資他們可以回想起的投資。更重要的是，我們沒有了解到，教導投資人情緒對投資的影響。當我們這樣做的時候，關注的是當結果已知時的感受，而不是確認做出原始投資決策時情緒發揮的作用。保羅‧薩穆爾森的同

事儘管比較有勝算，仍舊因風險趨避拒絕擲硬幣的賭注，因為他相信擲完硬幣「**之後**」可能會經歷到這種情緒。研究人員稱這是「預期的情緒」。從投資人現在讓預期情緒壓過做出聰明決策的情況來看，這樣的情緒具有破壞性。年輕的投資人甚至會拒絕把一小部分的退休儲蓄投入股票，因為他知道自己討厭收到投資組合價值下降的消息，這是讓預期情緒驅動明顯遭誤導的投資決策。

　　焦慮的投資人能夠改善長期績效的一個重要方法是，盡量不要猜測投資數十年後回首往事的感受。相反的，你應該練習一種財務正念（financial mindfulness），訓練自己現在做出合乎邏輯的投資決策，儘管知道不會一直做到。不願冒虧損 100 美元的風險來贏得 200 美元的經濟學家，可以採用這種方法。

　　為了戰勝在必須決定該下注或投資時所感受到的情緒，我們必須先了解這些預期情緒，它們很重要，因為如果一個投資人現在做出更好的決策（在做決策時認識到情緒的影響），就不太可能在恐懼達到一時的高點時，在空頭市場的底部賣出股票。也不太可能只是專注在最常出現在新聞上的公司，或是去年有驚人業績的公司，或是總部在附近的公司，或是在所處工作產業裡的公司。

　　正確的方法可能會有幫助，因為與假設投資人採用單純客

觀的計算收益和機率相比，以情緒感受風險（risk-as-feeling）會產生更糟的選擇。有些人從我們身上學到這點，而且知道如何利用它，沒有人比保險業更能做到這件事了。買保險應該是根據潛在損失、可能發生的機率、保險成本，以及購買者的財富和風險承受程度所做出的客觀決定。但是這些銷售保險的人已經學到，「引發生動負面心像（mental imagery）的虧損想像」往往會銷售更多的保險。舉例來說，一項學術研究顯示，航空公司的旅客願意只為「恐怖攻擊行動」（極端生動的情況）造成的死亡事件支付的旅行平安險費用，比他們願意為「所有可能原因」的死亡事件（這包括恐怖攻擊事件，以及其他更平淡無奇、缺乏這種生動性的原因）支付的保險費用還高。這種市場無效率（為特定死因比為任何死因支付更高的保險費）是以情緒感受風險的結果，而且 2000 年初可以在投資網路的人中明顯看到。[12]

## Palm 上市出現的弔詭

　　Palm Pilot 是第一款流行的掌上型電腦。它包括電子行事曆、通訊錄、記事本和其他可以增加生產力的功能，放進一個現代智慧型手機大小的機器裡。Palm 這家公司創造的 Pilot，使用手寫筆和精巧的手寫辨識系統在螢幕上輸入資訊，並不屬

於網路產品，但是抓住網路時代的夢幻時代精神，並在 1999 年掌控後來大家熟知的 PDA（個人數位助理）70％的市場。

Palm 是 3Com 的一個部門，3Com 是網路核心技術的老牌製造商，產品包括資料交換器、控制器和路由器。但 3Com 並不知名，只有少數人知道它擁有製造吸引人 Palm Pilot 的公司。近因偏誤和顯著性偏誤對 3Com 不利，許多了解這兩家公司的人開始相信 Palm 靠自己會更好，可以自由地把行銷目標定位在對 3Com 而言很神祕的個人消費者。因此，1999 年 9 月，3Com 宣布要把 Palm 的股票分割出來。

Palm 在 2000 年 3 月 2 日首次公開募股，同時 3Com 賣出 5％的股份。3Com 計畫在接下來幾個月把剩餘的股份分配給 3Com 的股東，每持有 1 股 3Com ，可以分配到 1.525 股 Palm 股票。擁有 100 股 3Com 股票的股東仍然有 100 股 3Com 股票，可是一旦股票分拆完成，還會多擁有 152.5 股的 Palm 股票。這種安排的計算方式很容易，每一股 3Com 股票的價值應該至少有 Palm 的 1.5 倍，而且因為 3Com 在銀行每股有 10 美元的現金，以及向企業用戶提供通訊設備等有利可圖的傳統事業，它的股票價格應該會更高。確切來說，股價會高多少，取決於大家評估 3Com 的剩餘業務有多少價值，雖然這個價值有待討論，但應該很可觀，因為 3Com 是同業中第二大的業者，只追

在思科之後。

　　Palm 上市首日的收盤價是 1 股 95.06 美元，這代表如果擁有 Palm 剩餘股票、1 股 10 美元的現金，以及傳統事業的 3Com，價值應該至少有 1 股 155 美元，甚至更高。不過 3Com 的收盤價是 1 股 81.81 美元，那天下跌 21％。以 96.06 美元買 1 股 Palm 的人，反過來可以只用 1 股 81.81 美元買進 3Com 股票，得到 1.525 股 Palm 的股票。實際上，股市說的是 3Com 有利可圖的傳統事業價值是 1 股 -63 美元。這不是投資人因為屈從自己的偏誤和癖好所做出的唯一不合邏輯決定。[13]

## 更改公司名稱就上漲

　　ComputerLiteracy.com 似乎不是一個很難正確拼出來的網域名稱，尤其是對一個宣稱鎖定具有「超高理解力」讀者的網站。但在 1999 年 3 月，這家技術書籍和手冊的線上銷售公司決定要改變名稱，來消除拼寫錯誤的風險，導致潛在客戶找不到它們。公司的高階主管決定以 FatBrain.com 來解決他們的問題。改名上線的消息宣布那天，這家公司的股價上漲 33％。

　　還有許多企業領導人認為改名同樣有助於股價上漲，雖然新改名的 FatBrain.com 一直在電腦和網路領域，但是有些人認為即使他們的公司與網路一點關係都沒有，股價還是會上漲。

1998 年 6 月 1 日至 1999 年 7 月 31 日之間，95 家上市公司把公司名稱改為某種與網路相關的「dot-com」或「dot-net」名稱。在這些公司中，有很多公司在改名前與網路完全沒有關係，有些公司還計畫在名稱上完全不改變。新名字，但還是相同的舊商業計畫。

溫頓公司（Windom Inc.）就是一例，這是一家在 1988 年成立的空殼公司，但是從成立開始到 1997 年之間都沒有資產或經營業務。1991 年 8 月，溫頓公司大多數在外流通股份都分配給對母公司集體訴訟的原告和原告律師。1997 年，溫頓公司與紐約貝果交換公司（New York Bagel Exchange）合併，這家公司的全部業務就是一家熟食店。2 年後，所有貝果和餐廳業務只以 12 萬美元的價格出售，讓紐約貝果交換公司成為一家空殼公司，沒有正在經營的業務，甚至連一家熟食店都沒有。在那個時候，這家公司改名為網絡船舶公司（WebBoat.com），且最終似乎很成功。改名的 4 天前，紐約貝果交易公司的股票交易價格是 5 美元，採用新名字 5 天後，股價是 8.75 美元，漲幅 75％。

股價漲幅跟平均水準差不多。在這段期間公布改名的 95 家公司的股票，公布前後 10 天的平均漲幅是 74％，而且儘管投資人只是因為公司改名而買進股票的邏輯值得懷疑，但這樣

的效應並沒有衰退。就像 2001 年研究人員所寫的情況：「僅僅與網路相關，似乎就足以提供一家公司巨大又永久的價值增長。」

唯一有點符合邏輯的解釋是一種行為上的解釋，投資人陷入專注於網路股票的狂熱中，這是一場新潮與奇幻思維的狂歡。大家相信對一支股票的「感覺」，比股票的前景還重要。隨著股價繼續走高，當愈來愈多投資人在乎網路股票，並買下這些股票，進而又推高了價格。羅伯特‧席勒教授稱這是「自然產生的龐式騙局流程」，而且就跟龐式騙局這種非法行為一樣，需要新的人來維持更高的價格。當新貨幣的供給漸漸消失時，結果總是會一樣。今天，焦慮投資人的職責就是不要陷入狂熱之中。[14]

## 網路泡沫什麼時候破滅？

狂歡沒有停止。納斯達克指數在 1999 年 12 月上漲 22%，在 2000 年 2 月又上漲 19%。這兩個月的表現都遠遠超過 1971 年指數創立以來的平均年報酬率。納斯達克在 2000 年 3 月 10 日創下另一次新高，指數在 1999 年上漲 85.6% 之後，在 2000 年到現在又上漲 24.1%，而且按照這個數字，到年底的漲幅可能會超過 1 倍以上。隨著投資人更加過度自信地相信

前一年的趨勢會持續，2000 年 3 月 10 日收盤達到 5,048.62 的高點，這是過去 100 個交易日以來第 49 個歷史高點，儘管投資人這樣的想法顯然很荒謬。3 月 10 日的高點也是該指數的最高點。

包括雅虎、美國線上、NetZero 在內的一些大公司在幾個月前就已經出現警訊，當納斯達克在 3 月 10 日達到高點時，雅虎的股價比過去 52 週的高點低 25.3％；美國線上的股價比過去的 52 週高點低 32.8％；NetZero 這家試圖藉由免費提供網路來讓美國線上倒閉的公司，股價則比過去的 52 週低 41.9％。亞馬遜仍然只是在賣書，但所有賣東西的網站中，傑夫・貝佐斯的構思是個典範。亞馬遜也是相對較有經驗的公司，早在將近 3 年前上市，而且公司的虧損與現在部分的網路公司一致。公司 3 月 10 日的收盤價是 66.88 美元，比前一年 12 月的最高點低了 40.8％。

很多投資人最後終於意識到，從目前的股價來看，這些公司的評價（至少是舊式的評價標準，像是本益比這項專注在獲利能力等傳統的衡量標準）不可能是合理的。其中有部分原因是由於頓悟，雖然有很多賣東西的新網站開業，但傳統零售商不會簡單被打敗，淪於讓網站接收他們的事業。舉例來說，流行服飾連鎖品牌 Gap 在 1997 年上線，雖然 Macys.com 在 1996

年純粹以資訊網站開始，但是兩年後卻以完整的銷售網站重新推出。同樣的，在 1999 年末，沃爾瑪的網站也進行改版，使美國最大的零售商涉足電子商務。PetSmart 和 Petco 擁有的網站要與倒楣的 Pets.com 競爭。博德斯（Borders）和邦諾（Barnes and Noble）等書店則開設自家網站來跟亞馬遜競爭。

　　遺憾的是，這樣的競爭有利也有弊。舉例來說，亞馬遜在網路上銷售書籍並不是獨占的，但這是一家股東不在乎虧損的企業，事實上，一些亞馬遜的股東寧願公司虧錢也要爭奪市場占有率。因此，1999 年 5 月 17 日，亞馬遜宣布將暢銷書價格降低 50％，邦諾和博德斯書店的網站在幾個小時以內也降價相同的幅度。《紐約時報》提到，價格減半會導致這三家公司「幾乎肯定會在大降價中賠錢」。投資人把新定價的暢銷書視為用來招攬顧客的虧錢商品，就像超市降低牛奶和麵包的價格來吸引顧客進入商店。但是超市的消費者會買數十種商品，可以彌補店家在某項商品上的虧損，而最新的暢銷書往往是買書人唯一會買的東西。取得龐大的規模似乎會保證獲利，但是以這種速度，對網路零售商而言，當前朝獲利邁進似乎變得更為艱鉅與不確定。

　　到了 2000 年 3 月，泡沫已經破滅，只是市場還不知道而已。隨著投資人肯定有某個人會付出更高的價格來承接他們的

股票，一些才剛上市、與網路關聯薄弱的新公司把泡沫推到只缺最後一口氣。Webvan 在 1999 年 11 月上市；線上體育用品零售商 Fogdog 則在 12 月以每股 11 美元的價格上市，儘管在首次公開募股前 4 個月的總營收不到 300 萬美元。Neoforma. com 結合兩項業務：銷售醫療器材，並提供給醫療照護供應商，這項業務已經有一群龐大又強大的老牌競爭對手，以及類似 eBay 的拍賣業務，儘管 eBay 提供的是二手醫療器材。這家公司在 2000 年 1 月 24 日以每股 13 美元上市，第一天收在 52.38 美元，漲幅超過 300％，讓 Neoforma.com 的總市值接近 30 億美元，儘管該公司在首次公開募股前後 2 個月的總營收只有 46 萬美元。早在全球資訊網出現以前，其他企業都已經在做這些事。[15]

　　3 月 10 日是納斯達克綜合指數創下新高的日子，那是星期五，週末還沒有特別的新聞。儘管如此，納斯達克指數在週一開盤還是下跌 3.4％，後來反彈一點，很容易讓人認為早盤的突然下挫是錯失的買進時機。在過去幾年裡並沒有出現很多次下跌的情況，而且隨著指數在那天把開盤的跌幅收復大半，有些人因為沒有抓住機會還自責不已。最愚蠢的網路公司砸大錢在乏味的超級盃廣告上，但是其他還有很多公司承諾要改變世界。有些公司似乎很像他們認為的那樣。2000 年是大多數

美國人第一年使用網路，這在很大的程度上要歸功於美國線上和雅虎，而且網路就算還沒有改變更寬廣的世界，肯定已經改變一些人的生活。16

在這些公司中，有些公司也正在改變。美國線上在 2000 年 1 月 10 日宣布以 1,820 億美元的股票買下時代華納公司。時代華納擁有受歡迎的華納兄弟電影公司、有線電視巨頭 CNN，以及《時代》雜誌。1996 年，《時代》雜誌把馬克・安德森放上封面，介紹給美國人，並稱他是「黃金極客」譯注的一員。現在，這家地位崇高的新聞雜誌和時代華納的其他事業都被一個人收購了。亞馬遜的營收超過 16 億美元，比 1999 年多了 1 倍以上，雅虎的營收是 5.92 億美元，比前一年的數字多出 1 倍，而且淨利有 4,800 萬美元，相較於去年同期虧損 1,500 萬美元有亮眼的成績，與其他完全無法賺錢的網路公司相比，更是讓人印象深刻。17 是其他公司出問題。納斯達克從該週的週一下跌 2.8％、週二下跌 4.1％，週三下跌 2.6％，不過週四和週五反彈，整週只下跌 5％，然後跌勢就真的開始了。

焦慮的投資人會收到兩個看起來矛盾的建議，第一個就是維持投資不變，避免損失趨避（在底部賣股票）與處分效應（賣出賺錢股票的衝動）。另一個則是自律，這似乎是說在價格很高的時候不要貪婪，要「把錢撤出賭桌」。但對投資人而言，

這是對紀律的錯誤定義。紀律的意思是不要假設你可以擇時進出市場，而是要了解可能會損害投資表現的行為怪癖與偏誤，然後建立一個合理的投資組合，不要只是因為股票夢幻或明顯突出而持有。自律需要堅持投資計畫與投資組合，並持續為投資帳戶提供資金，即使事情看起來很糟糕。

在 3 月 19 日那個星期的週日，專注報導投資的《霸榮週刊》刊登傑克・威洛比（Jack Willoughby）一篇談到許多網路公司快速燒錢的封面故事。第一句話就問道：「網路泡沫何時破滅？」不是問**如果**會破滅，而是**何時**會破滅。接著威洛比剖析上市的網路公司，詳細說明年底有可能用光現金的網路公司有「多少」，因為這些公司「短期希望獲利的機會渺茫」。他詳細說明自己報導所研究的 207 家現金流為負數的網路公司之中，有 74％的公司募集更多資金的途徑是如何遭切斷，然後他解釋可能會產生的損害，因為「有幾個跡象顯示，與股價『脫鉤』的時代很快會到來」，以及當企業專注在對消費者銷售的時候，「投資人『厭惡』網路股票的情況會更為普遍」。他以雜貨配送服務 Peapod 為例，這是 Webvan 的競爭對手，

譯注：極客（geek）原本是指怪咖，這裡指的是專精電腦科技等非主流領域的人。

跟 Webvan 有相同的問題。Peapod 沒有獲利，而且虧損快到現金只剩下 300 萬美元，他的「金庫可能在 1 個月內就空了」。

這篇文章有充分的理由和數據支持，事實也很明確，而且這種警訊會衝擊更加關注納斯達克指數在 1999 年漲幅 85.6％的投資人，而不是衝擊關注 1972 至 1995 年年化報酬率 11.9％的投資人，或是說，這會衝擊關注 1973 年至 1974 年指數合計下跌 55.3％的投資人。這提醒投資人，他們對特定風險的**感受**，無法被努力客觀的分析風險所取代，而且它可能會提醒投資人，在這些企業家中，無論他們對其中一些人有多少遠距離的情感，他們都不是朋友、搭檔或商業夥伴。

當 3 月 20 日星期一開盤的時候，雅虎和美國線上等有獲利的網路公司股價好轉。但是更廣大的市場是由沒有獲利的公司所組成的，因此同個時間，Webvan 在那天下跌 7.9％、NetZero 重挫 14.7％、FogDog 重挫 10.9％，而納斯達克指數則下跌 3.9％。

納斯達克指數在 3 月底收在 4,572.83 點，只比 2 月底下跌 2.6％。雖然指數比 3 月 10 日的歷史高點低了將近 10％，但是考量到市場在前一年的 12 月到 2 月間的漲幅表現，以及《霸榮週刊》的預測多麼不吉利，這種波動其實很常見。

## 空頭從網路股蔓延到科技股

　　由於有這麼多公司有風險，這些公司被指控犯法只是時間的問題。起訴胡圖恩‧梅拉梅德和阿拉什‧阿茲哥爾西藉由操縱 NEI 網路世界公司的股價而竊取 36 萬 4,000 美元的美國政府，後來決定要從其中最大家的公司開始提起訴訟。1998 年 5 月，美國司法部和 20 個州起訴微軟，指控比爾‧蓋茲的巨頭公司濫用其電腦作業系統主要供應商的權力，迫使電腦製造商把 Internet Explorer 安裝在新電腦上，目的是要削弱 Netscape 公司。即使 Netscape 公司最後賣給美國線上，微軟的案子還是繼續在法院審理。

　　1999 年 11 月 5 日星期五，湯瑪斯‧潘菲爾德‧傑克森法官（Judge Thomas Penfield Jackson）裁定微軟確實濫用其獨占力量，並「證明它利用強大的市場力量和巨額的獲利，傷害任何堅持實行計畫、可能使微軟核心的產品競爭加劇的公司」。約翰‧洛克斐勒的標準石油公司在 1911 年被拆成 33 家不同的公司，因為公司的反競爭行動引發反壟斷的問題。1999 年結束時，相似的命運似乎在等著微軟，結果可能非常嚴酷，因此公司立刻上訴，上訴時間甚至是在傑克森法官做出最後裁決或裁罰任何罰款之前。

傑克森法官一直不遺餘力地要執行他的初步裁決，但是他也了解到，分拆微軟要花幾年的時間，而且不管在法律或技術上都非常複雜。這還會有其他影響深遠和意想不到的後果，因此他在 11 月 19 日下令雙方調解，達成「合意的解決方案」。儘管有機會商議解決方案，不過到了 2000 年 3 月底，微軟的情況並沒有好轉。有新聞揭露蓋茲在多次取證中支吾其詞，而且一些目擊者說他「推託和不回應」。《商業週刊》的報導提到，微軟聯合創辦人兼執行長有次的特殊表現簡直讓人不敢置信，當影片在法院播放時，法官忍不住笑了出來。

　　2000 年 3 月 24 日星期五晚上，微軟提出最終的解決方案，並同意將 Internet Explorer 從 Window 作業系統獨立出來。由於當時微軟瀏覽器的使用人數已經超越 Netscape 瀏覽器，而且實際上 Netscape 公司已經被迫併入美國線上，因此政府預期微軟已經得到想要的東西。代表政府的律師對自己的案子有信心，傑克森法官最初裁定微軟濫用其市場力量，他稱這是一項「對爭議事件的裁決」，這意味著他們占了上風。週末，也就是傑克・威洛比在《霸榮週刊》上詳細說明投資人的危機、毫不留情批評網路泡沫的封面故事刊登 7 天後，有報導提到政府認為微軟的提議「並不恰當」。到了週一，微軟的股價開盤下跌 3.5％，而且還繼續下跌，到了收盤時下跌 6.8％。納斯達

克在那週下跌 7.9％。

　　下個週末的情況更糟，當時報紙報導另一個被任命主導政府與微軟調解的法官認為：「雙方的隔閡……深到無法彌合」，而且要終止商議解決方案的嘗試。現在只剩下傑克森法官宣布微軟確實違反反托拉斯法並公布裁罰了。微軟在 4 月 3 日星期一開盤下跌 11.1％，那天收盤下跌 14.5％，納斯達克指數下跌 7.6％。已經比近期高點下跌超過 16％。[18]

　　2000 年 4 月是可怕的一個月。投資人開始意識到，雖然受害的純粹是網路股，但是最大的科技公司也可能會受影響。就像傑克・威洛比在《霸榮週刊》已經警告的情況。2000 年 4 月 8 日，《經濟學人》雜誌在〈獨占貨幣〉（Monopoly Money）專欄中發表一篇討論網路股票的文章，並問到：「它可以跌多低？」這篇文章提到，納斯達克指數的本益比是 62 倍，這意味著一個投資人為指數中所有公司每一年所產生的 1 美元獲利，付出 62 美元。在 1995 年以前，這個倍數「從沒有超過 21 倍」。按照這個標準，股價幾乎是應有價格的 3 倍。

　　納斯達克指數在 4 月 21 日進入空頭市場，當時跌幅超過 7％，而且收盤價比前一個月創下的高點低 25％。最後指數在 4 月下跌 15.6％，這是到那時為止第五差的表現。英特爾是製造大多數個人電腦核心的電腦晶片，那個月的股價下跌 3.9％，

讓電腦可以連上網路的網路硬體製造商思科，在成為美國最有
價值公司後僅一個月就下跌 10.3％。

　接著納斯達克指數在 5 月下跌 11.9％，那個月收盤比高點

## 雅虎股價，1996 年 4 月～ 2004 年 12 月

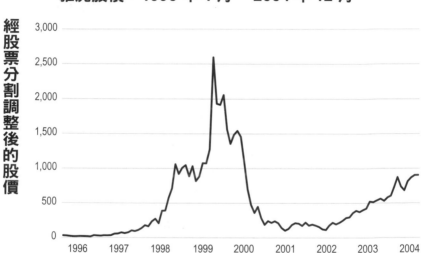

低 32.6％。一些指數成分股的表現更糟：雅虎下跌 52.4％、亞
馬遜下跌 54.7％。最新一批公開募股的公司表現更糟，這些公
司都只是用網路來銷售東西：Webvan 下跌 80.3％，剛上市 76
天的 Pets.com 已經下跌 81％，而 Fogdog 下跌 83.5％。

## 定錨效應

當投資人的夢幻股票淪為噩夢的時候,他們會做什麼事?2000年春天和夏天,一些投資人的心情進入從興奮到恐懼、再到恐慌的週期,有些投資人還進一步對股票反感。很快的,他們轉而責怪別人,極力反對過去幾個月相信的每個人和每件事。

市場崩盤後所喚醒的反感與指責並不新鮮。英國國會開始對南海公司的破產進行調查,把過錯推給公司的董事並逮捕他們,以免合適的代罪羔羊逃跑。最後,財政大臣和幾位國會議員被追究責任並撤職。自從1907年驚人的股市崩盤以來,在每個現代經濟災難或股市崩盤之後,幾乎都會接著成立一個政府機構,或是任命一個政府委員會,並出版一本龐大厚重的磚頭書,記錄調查結果與責任歸屬。美國證券交易委員會在1929年股市崩盤後成立,為了確保對接下來市場崩盤的究責具有法律效力。

即使是在2000年4月和5月這樣跌勢凶猛的空頭市場,每個投資人的行動方案都合乎邏輯。雖然不可能有效掌握市場時機,但是收割損失(harvesting losses)會使稅負減少或延遲繳稅。在收割損失下,投資人賣出虧損的投資標的,抵銷其他投

資標的以獲利賣出時所實現的利得。從其他類型的所得中扣除的損失金額是有限的,投資人必須等待 30 天才能買回相同的投資標的,或是說買回「本質上相同」的投資標的,但「稅收損失收割」可以提供不可否認的好處。[譯注]

　　確保一個投資組合仍然適當地多元分散,可以在沒有降低報酬的情況下減少風險。檢視過去做出投資決策的方法,以及賣出股票後來的表現,都會很有收穫。

　　庫伯勒-羅斯悲傷五階段的第三個階段是「討價還價」,而投資人現在正是這樣。他們正在做的事情如果用另一個詞來說,那就是「期望」。這兩個詞對股票表現有著相同的影響:那就是沒有影響。很多交易員和投資人會發出「交易員的祈禱」,說道:「老天保佑,只要股價回到損益兩平,我就會賣掉了。」這是定錨效應,而且很可能會比其他行為上的癖好讓很多交易員花掉更多的錢。

　　定錨效應是指在做決定時不考慮資訊的相關性,往往會過度仰賴第一個資訊或最重要資訊。對於 2000 年夏天的很多投資人而言,他們擁有的網路股價格就定錨在最初買進的價格,即使這些股票現在已經大幅下跌。這種定錨價格並不是衡量股票現值的合理方法,股票的現值就是交易的價格。投資人的入場價格,並沒有比賭場公告給賭徒查看之前輪盤的中獎號碼更

加重要。

　　不只是第一次投資的人會誤入定錨效應，就連專業投資人也一樣。在 1987 年股市崩盤後，機構法人對羅伯特・席勒調查的回應中，有 37％的機構法人說他們預期市場會復甦，因為價格下跌得「太快太猛」。為什麼這些專業投資人會認為上週的價格比這週的價格更能衡量價值？這就是典型的定錨效應。有些受訪者確實提到長期價值，但是只有不到 14％受訪者提到，由於股價很低，所以預期股市會反彈。

　　為了證明定錨效應的影響，著名的行為心理學家阿莫斯・特沃斯基和丹尼爾・康納曼讓測試對象觀察一個實驗人員轉動一個寫上 0 到 100 數字的轉盤。然後實驗人員讓測試對象從那些數字上下移動，直到得出他們估計在聯合國裡非洲國家的占比。很明顯的，他們的起點，也就是轉盤轉到的隨機數字，對正確答案並不會有影響，但是對於看到轉盤停在 10 的人來說，回答聯合國裡非洲國家占比問題的中位數答案是 25％；而對於看到轉盤停在 65 的測試對象，中位數答案則是 45％。測試對象看到轉盤開始的數字就是他們的錨點，而且這對他們猜測

譯注：這是節省資本利得稅的方法。投資人可以賣出虧損的投資標的，虧損的金額可以拿來抵銷獲利投資標的的資本利得，使課稅的資本利得減少。台灣因為沒有課徵資本利得稅，所以沒有這樣的效益。

聯合國裡非洲國家的占比產生明顯的影響，即使這兩者顯然並不相關。（截至 2021 年為止，聯合國有 193 個會員國，其中有 28％屬於非洲國家集團。）[19]

2000 年春天，擁有網路股的投資人也出現同樣的定錨效應。他們的進場價格就跟特沃斯基和康納曼的輪盤停留的數字一樣是定錨價格。投資人看著股價從那個定錨價格下跌，但是他們對每股的股票價值估計受到這個起點影響。尤其是在非常高價買進的人，他們估計的股票價值很高，遠高於目前的市場價格。

隨著春天過去，夏天到來，這種將進場價格當成定錨價格，以及投資人對市場討價還價的做法似乎開始發揮作用。納斯達克指數在 6 月上漲將近 17％，8 月只下跌 5％，而且在 9 月的漲幅略高於 11％。指數回到 4,200 點之上，從技術面來看也不再是空頭市場。想要或需要更多一點漲幅來讓祈禱應驗的人，相信大盤現在對他們有利，而且正朝著正確的方向前進。

但隨著其他類股的上漲，網路股票並未參與其中。儘管指數自 5 月底以來表現出色，雅虎又下跌 19.5％，美國線上上漲不到 1％，Webvan 則又下跌 54％，而且 NetZero 又下跌 73％。至於 Pets.com，這家公司的股票交易價格只剩下 1 股 75 美分，3 月的交易量超過 1,700 萬股，每股價格超過 9 美元，

但在 9 月的交易量只比 2,300 萬股多一點，因此就連一般喜歡拋售水餃股、在場外櫃台交易系統想要引人注意的股民都吸引不到。所有在市場中落入庫伯勒－羅斯討價還價階段的人，現在都不會放過網路股票。

投資人也許會問，如果我們無法掌握進場時機，這種反彈是否無法證明定錨效應導致的拒絕賣出虧錢股票是件好事？如果這樣可以阻止投資人在底部拋售股票，這樣的等待時機不是很好嗎？心理歷程可能會備受折磨，但是最終的結果不是正面的嗎？不是這樣的。首先，這種定錨效應會扭曲投資人的價值觀，而且會更難做出理性的決策。第二，注意力是一種有限的資源，因此任何消耗注意力、卻沒有效益的事情都是浪費。最後，還有一些事情要做，而這種心理運作都會阻止投資人採行最好的行動。幾乎所有擁有 Pets. Com 的投資人都有未實現損失，而且沒有收割損失抵稅的投資人正在犯錯。其他告訴自己繼續持有的投資人則犯了另一個錯誤，那就是相信情況不會變得更糟。實際上，情況變得更糟。股價可能還會比 75 美分還低。這種想法體現出極端的處分效應，而且到了 10 月底，Pets.com 又下跌 33%，股價只剩下 50 美分。

投資人在虧錢的時候最瘋狂，而且在短暫的夏季反彈後，出現更大幅的下挫，他們正在損失大量資金。納斯達克指數在

9 月下跌 12.7％，10 月下跌 8％，11 月下跌將近 23％。一些人繼續持有股票，其他人則在賣出。持有並拒絕賣出的人已經變得像賽馬場的賭客一樣，變得愛好風險，並在最後一場比賽中將剩餘的賭金都押注在最沒希望的標的上。

投資人在獲利時往往會變得規避風險，並選擇實現肯定擁有的獲利，同時放棄可能有更多收益的機會。當他們遇到損失時，他們則變得偏愛風險，而且放棄確定的損失，同時如果有可能彌平虧損（這正是很多投資人祈禱的事），他們會承擔損失加大的風險。這就是處分效應的核心。

特沃斯基和康納曼將這種競爭傾向稱為「展望理論」（prospect theory），因為他們比較人類對特定展望和風險展望的反應。藉由詢問學生和教職員一系列關於在風險下做決策的假設性問題，證明這些不同、但強烈人性化的荒謬傾向。

首先，研究的參與者被要求在①保證得到 3,000 單位的貨幣或②80％的機率得到 4,000 單位的貨幣與 20％的機率沒拿回任何東西這兩個選項之間做選擇。第二個選項的數學「期望值」是 3,200 單位，比第一個選項的價值還高。但是有五分之四的受試者選擇確定的、價值較低的選項。人們在獲利領域是規避風險的，他們往往會賣出賺錢的標的。

但是當受試者被問到他們是否更願意損失 3,000 單位，或

接受一項賭注，有 80％的機率虧損 4,000 單位，而有 20％的機率沒有虧損時，他們會選擇第二個選項，即使在數學上是比較糟的。人們在虧損層面是愛好風險的，他們往往會持有虧錢的標的。[20]

2000 年秋天，網路公司的投資人就是在虧損領域運作的，因此他們愛好風險。在這種情況下，以 75 美分持有 Pets.com 的股票就算不明智，還是可以理解的。最好的投資人會拒絕受這種傾向所害。

## 第二次改名避風頭

雖然一些投資人在害怕，不過一些公司也很畏懼。他們擔心不論自己的事業基本面價值怎樣，2000 年最後幾個月對任何網路相關投資的蔑視，會拉低公司的股價。當這種聯想將價格推到更高時，他們很享受這趟旅程，但現在已經轉往另一個方向發展，現在他們想要出場。因此，就像前幾年有些公司會在名字後面加上 .com 或 .net 一樣，即使公司的業務性質沒有改變，在泡沫破滅之後，一些經理人也把 .com 從公司的名稱中刪除。5 位大學研究人員追蹤在 2000 年 2 月以後更改公司名稱的 61 家上市公司，這些公司從某種特定網路名稱改成更為中性的名稱。它們在公布改名前 30 天到改名後 30 天的股價

變動，比由網路股票組成的指數變動高出 64 個百分點。

在美聯社一篇關於這個現象的報導中，一位觀察家評論：「很多公司正在遠離那樣的風潮。」沒有哪個企業的名字比 Internet.com 更像網路公司，而這家公司打算回頭。梅克勒媒體公司（Mecklermedia）是專注報導網路事業的雜誌和網站發行商，1998 年因此將公司改名為 Internet.com，但它在 2001 年為了避免臭名，再次改名成故作神祕的 INT 媒體集團（INTMedia Group）。公司執行長兼創辦人艾倫・梅克勒（Alan Meckler）坦白談到第二次改名的原因：「這是金融界的門面裝飾，對於知情的人、我們的客戶來說，什麼都沒有改變。」再一次，對「知情人士」而言，「明白這點」似乎很重要。

回頭改名是網路股票被謾罵最明顯的跡象。隨著 2000 年來到尾聲，不只有網路股票失寵。12 月 5 日，英國小報《每日郵報》（*Daily Mail*）提到：「隨著幾百萬人放棄『網路』，『網路』可能只是一時的風潮。」文章描述，因為全球資訊網的限制與連接的成本，「數百萬人不再回頭使用全球資訊網」。報導引用一項研究，宣稱電子郵件並沒有取代其他通訊方式，只是導致訊息超載。而且對於網路廣泛影響不太感興趣的人，以及對網路股票的影響感興趣的人而言，研究說到：「網路購物的未來是有限的。」它繼續提到，一些用戶覺得很無聊，有些

用戶則覺得很沮喪。當然，如果投資在這些股票上需要花這麼多錢，還發現只有《華爾街日報》和一堆製作情色作品的企業會持續獲利，有些人肯定會非常不安。[21]

## 投資人在自欺欺人

納斯達克指數在 2000 年收在 2,470.52 點，這一年下跌 39.3%，但是比 3 月 10 日的高點下跌 51.1%。指數繼續下跌，再次重挫，2001 年 9 月 11 日之後又與其他股市一起下跌。就像牛頓花一些時間來認真處理他的虧損，投資人也花了一些時間才意識到 Webvan 和 Pets.com 並不值得成為自己的夢幻股票。自我發現需要的時間總比我們以為的還要長。

2000 年 10 月，網路體育用品零售商 Fogdog.com 被另一家網路用品零售商以 3,840 萬美元的價格收購，到了 2000 年 12 月併購交易完成的時候，Fogdog 的股價在不到 13 個月的時間從 22 美元的高點跌到只剩下 50 美分。2000 年 11 月，Pets.com 停止營運，並在 2001 年 1 月清算少數的剩餘資產。上市的最後一天是 2001 年 1 月 18 日，股價收在 12.5 美分。Webvan 在 2001 年 6 月宣布破產，2001 年 6 月 6 日是上市的最後一天，當時的股價收在 6 美分。這家公司上市超過 1 年半，有足夠的時間虧掉 8.3 億美元。

## Webvan 的股價，1999 年 12 月～ 2001 年 7 月

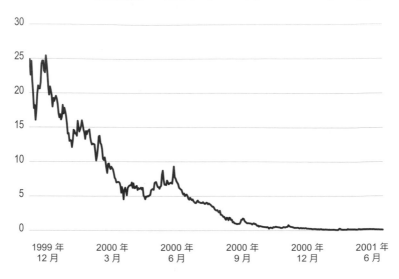

　　投資人在泡沫期間對自己造成的傷害，跟崩盤期間做的事情一樣多。很容易認為這一次不同，就像 1830 年代英國鐵路的投資人認為一切都會不一樣。對旅客或網路使用者而言，事情很少是一樣的，然而，對投資人而言絕對不是如此。

　　投資人很自然就會著迷下一波新事物。他們回顧那些曾是下一波新事物的舊事物，而且希望買到 1986 年的微軟、2001 年的亞馬遜、2004 年的 Google 或 2007 年推出 iPhone 的蘋果。後見之明偏誤告訴我們，應該能夠辨識出下一檔熱門股票，但

是我們錯了。我們忘記了 2001 年 6 月，Palm 的股價只有 6.50 美元，而且那家公司在 2010 年會以 1 股 5.7 美元的價格被完全收購。我們忘記其他從高點下墜的公司，只是因為我們從未聽過它們，所以只能挖苦地開玩笑說，它們並不突出。

### 納斯達克指數走勢，1995 ～ 2003 年

我們自欺欺人，也不是故意的，但確實就會這樣做。而且有時我們就是無法辨識出危險，這也是真的。

你會認為至少有一種行為偏誤會對投資人有利。但是就像

在前一章的發現，雖然處分是貪婪的解毒劑，但是最終的情況並非如此，即使是處分也是有害的。就像我們在這章學到，定錨效應會建立一套讓人的評價無效的背景，藉此來愚弄我們，而且我們會陷入新產品的幻想之中，這些新產品是由有趣的公司與受歡迎的創辦人所製造。我們認為會受到製造這些特殊東西的人的影響，但這恐怕也不是真的。在下一章中，我會檢視人類最基本的欲望：即使群體是錯的，也要成為群體的一員。我還會探究人類如何對壞消息反應過度，以至於近期表現糟糕的股票投資組合的績效表現，比看起來似乎沒有做錯事情的股票表現來得好。

第 3 章

# 複雜性

COMPLEXITY

歷史上第二大公司破產案是 2002 年 7 月電信巨頭世界通訊（WorldCom）因舞弊導致的驚人倒閉案，第三大則是安隆破產案，但現在要講的破產案規模是第二大破產案的 6 倍，第三大破產案的將近 10 倍。當投資銀行雷曼兄弟在 2008 年 9 月 15 日星期一凌晨 1 點 45 分申請破產的時候，公司的債務清單上列出超過 10 萬個個人和企業，總計欠下高達 6,130 億美元。破產申請書將花旗銀行列為雷曼兄弟最大的債權人，並稱欠下的金額「將近 1,380 億美元」。破產規模如此龐大，以至於整個流程需要花超過 10 年處理，支付給律師與破產管理人的專業費用超過 20 億美元。

　　當天股市下跌將近 5％，收盤價比不到 1 年前的高點低了 31％以上。在接下來的 6 個月裡，投資人會發現股市進一步下跌，最後觸底時又跌了 43％。整個令人難受的過程，會在不到 18 個月讓美國股市的市值砍到剩下不到一半，這場破壞性的拉回，甚至比經濟大蕭條剛開始的時候來得大。

　　經濟陷入困境已經有一段時間，即便 1 年多後股市才表現出來。所有的跡象都已經存在，包括有害又不穩定的房價上漲熱潮，這個熱潮是由不動產抵押貸款證券和業內稱做「次級貸款」的全新不動產抵押貸款所推動。投資人後來會問自己，這是否為事情即將發生的徵兆？

自從 1930 年代推出 30 年房貸之後，房貸市場幾十年來就沒什麼改變。在 2000 年以前，很少放款人會提供次級房貸，而且次級房貸幾乎都是信用不佳借款人在使用，次級貸款曾經丟臉又罕見，但是在 21 世紀第一個 10 年，隨著美國對於擁有房屋的執著，加上有能力把次級房貸組合成可出售的投資組合，洗刷大部分的汙名，因此次級房貸已經變得相當普遍。[1]

　　當聯準會為了應對網路泡沫破滅和 911 恐怖攻擊而將利率降到接近零的時候，可以預期全球投資人開始去尋找比傳統票據和債券收益率更高的標的。投資人發現不動產抵押貸款證券，並把它們搶購一空，結果，數兆美元的資金注入房地產市場，使數百萬美國人有機會成為屋主。結果是房屋自有率驚人成長，從 1920 年代不到 50％，到 1960 年略高於 60％，再到 2005 年 69％的高峰。可以預見的是，美國的房價也跟著上升，從 2000 年開始，到 2006 年 7 月達到高峰，上漲 84％，年化成長率接近 10％。[2]

　　房價在 2006 年達到高點，但是投資人對於接下來的下跌只視為小幅回檔，從那個高點到 2007 年 2 月間，房價只下跌 1.1％。儘管下跌幅度很小，問題幾乎立即出現。全球最大銀行匯豐銀行，在 2007 年 2 月對不動產抵押債券發出警告，兩個月後，次級房貸最大的一家發行商新世紀金融公司（New

Century Financial）破產，並宣布破產保護，7,200 名員工因此沒有工作。或許這些人中，很多人都有再也無力支付的房貸。然後在 2007 年 7 月，投資銀行貝爾斯登（Bear Stearns）向旗下兩檔專注投資房貸的避險基金投資人承認，其中一檔基金總共損失 6 億美元的投資，另一檔將近 10 億美元的投資已經虧了91％。儘管如此，在 2007 年 7 月 19 日，也就是貝爾斯登承認虧損的兩天後，道瓊指數的收盤價還首次站上 14,000 點大關。

## 次級房貸

對放款人而言，房貸往往是絕佳的投資標的。將房地產抵押給放款人，確保貸款可以償還，而借款人只要支付足夠的頭期款，放款人會虧損的機會非常小。對放款人而言，貸款很像是買張債券，放款人支付最初的費用，但隨後本金會跟著利息每個月返還。有些法人意識到這點，而且當房貸實現的投資報酬超過政府公債風險時，他們就會想知道是否不該買進一籃子房貸的權益。

有個問題迫在眉睫。雖然退休基金和壽險公司等大型法人希望買進房貸投資組合，但是在 1980 年代以前，他們的投資方針要求他們只投資在評等盡可能最高的投資工具，因此阻止他們這樣做。這樣的工具只剩下政府票據，而且投資報酬率比

較低。

解決這個難題的一個方法是讓銀行獲得一個房貸的投資組合，然後將這個投資組合分成幾個部分。第一個部分是第一個收到本金和利息的部分，風險也最低。第二個部分是第二個收到本金和利息的部分。至於風險最高的部分則是最後收到本金和利息。

擁有的人承擔的風險與得到的投資報酬一致，第一個部分，也是最安全部分的債權人會向擁有這部分投資組合的人支付最低的利率，但這個利率仍然足以彌補他們承擔的額外風險。最後一個部分、也是風險最高部分的債權人，則會支付最高的利率。這些部分被稱為「**分券**」（tranches），這來自法文的「部分」（slice）這個詞。

第一批房貸在 1983 年就是這樣分割的。當標準普爾和穆迪投資者服務公司（Moody's Investors Service）等商業評等機構檢視最安全的分券時，它們得到絕對最安全的評等，與美國國庫券享有相同的評等。這解決法人的問題，他們現在可以買進最安全的分券，並享受優異的報酬。

房貸市場在成長，但不只是因為擁有不動產抵押貸款證券的人賺到額外的錢。它會成長是因為**每個人**都賺到更多的錢。最初的放款機構正在賺錢，而且買進他們的房貸、包裹起來，

並切成各分券的投資銀行也正在賺取巨額資金，這促使他們買進更多房貸，當中包含不同類型的房貸。當所有主要借款人都開發完的時候，銀行會敦促放款機構向信用較差的借款人提供房貸。結果是能夠得到房屋貸款的人，信用從「穩固」降到「次等」，再降到「不佳」。後者的房貸往往都是提供給沒有職業或財務證明的借款人，但是它們被委婉地稱為「次級房貸」，好像它們只比獲得優質房貸的必要標準稍微低一點而已。不過這些房貸常常是垃圾債券。

當一個投資人投資在生物科技這種擁有極為複雜產品的公司，或是投資在錯綜複雜並難以理解的財務工具時，要如何做出明智的決策？第一步是避免行為偏誤，比如僅僅因為公司、產品或創辦人非常吸引人而去投資。另一個步驟是避免我們在第 1 章提到的過度自信。諷刺的是，投資一些難以理解的事物時，過度自信的程度往往最為強烈。

我會檢視 2008 年特別明顯出現的一些新偏誤。從眾可能是傷害最大的，因為完全不了解發生什麼事的投資人，跟隨著沒有額外洞察力的投資人行動，只是因為跟隨其他人似乎是應當做的事。

另一個普遍的偏誤是對負面與意外消息反應過度。當一家地位崇高的美國投資銀行申請歷史上最大規模的破產時，面對

比有史以來最大規模高出 5 倍的破產案，投資人似乎不可能反應過度，但是投資人確實就這樣反應，許多人還因此付出代價。

## 房貸市場崩盤

沒有哪家投資銀行比倖存下來的美林證券受害更大了，而它正是解開整個混亂局面的投資銀行。這家擁有近半個世紀歷史的公司，已經貸款給貝爾斯登兩檔避險基金 4 億美元，在這個情況下，「避險基金」這個詞並不恰當，因為在任何現代意義中，沒有基金可以避險。第一檔基金被稱為「高評等結構型信貸策略基金」（High-Grade Structured Credit Strategies），而且就像在名稱中加上「增加槓桿」（Enhanced Leverage）的姊妹基金一樣，這檔基因一般的策略是先進行小額投資，然後借一大筆額外的錢。有了這筆錢，這檔基金會去買不動產抵押貸款證券，因為它們支付的利息比借錢的成本還高。

貝爾斯登沒注意到的是風險。當不動產抵押貸款證券的價格因為內含的房貸抵押品被查封而下跌時，會發生什麼事？這就是 2007 年初美國房地產市場發生的事情，而且匯豐銀行早在幾個月前就第一次發出警告。因此，在 2007 年 6 月 15 日，美林沒收貝爾斯登避險基金擁有的 4 億美元的不動產抵押貸款

債券。這是美林證券提供貸款的抵押品,而且沒有等貝爾斯登決定是否要處分一些基金的持股並降低風險,美林證券就選擇採取行動。可惜的是,這是美林唯一一次果斷的行動,這家公司最終在房貸危機中損失超過 500 億美元。美林就像 1987 年股市崩盤後立即向席勒教授堅稱已經預見崩盤即將來臨的投資人一樣,即使交易紀錄證實它並沒有預見到這種現象,我們也很容易回頭檢視美林證券採取的行動,以及少採取的行動;事後回顧這樣做的效應,並想知道美林的領導階層在想什麼,或是沒在想什麼。但是,與其沉迷於這樣的練習,投資人學到的教訓是,在發生事情的當下,不可能知道接下來會發生什麼事。投資人能做到最好的事就是做正確的事,或是在那時做最符合邏輯的事,而這表示我們要去了解會讓自己做錯事的行為偏誤。

道瓊指數在 2007 年 7 月創下剛好超過 1 萬 4,000 點的暫時高點之後,一系列的經濟壞消息持續傳來。美國的國家金融服務公司是一家龐大的放款機構,在為了追求市場占有率而犧牲放款標準之前,公司 30 年來只提供房貸給最有信譽的房屋買家。事情發生得很緩慢,一開始幾乎是不知不覺,但是這家公司慢慢地看到獲利下滑,並警告股東未來可能會面臨更多麻煩。隨後在 8 月 1 日,兩檔貝爾斯登的避險基金正式申請破產。貝

爾斯登的共同總裁因為這次的失敗被迫辭職，而且新任總裁認為有必要對客戶發出通知，向他們保證公司還有償債能力。[4]

　　8 月 3 日，大眾得知美國就業人數在近 4 年內首次下降，到了 8 月 9 日，法國巴黎銀行因為次級房貸市場的「流動性完全蒸發」，因此停止自家以房貸投資標的為主的避險基金贖回。一週後，一連串讓人失望的消息持續出現，道瓊指數的收盤價從 20 個交易日前剛達到的歷史高點跌掉超過 1,150 點。8 月底，歷史可追溯至 1844 年成立的投資銀行、13 個月後就不會存在的雷曼兄弟宣布，它要收掉零售房貸的子公司，同時，國家金融服務公司接受商業銀行巨頭美國銀行 20 億美元的救命資金。然後在 8 月最後一天，哈佛大學與麻省理工學院出身，以研究大蕭條的原因與應對措施而知名的聯準會主席班・柏南克（Ben Bernank），用毫不含糊的口吻警告在次級房貸裡的投資人，情況會變得更糟。

　　只有在 2007 年勞動節週末結束、華爾街恢復工作後，經濟壞消息的步伐才又加速。9 月 5 日，蘋果公司宣布將最昂貴的 iPhone 價格降價三分之一，蘋果股價下跌超過 5％。9 月 20 日，貝爾斯登坦承旗下避險基金的不幸遭遇已經壓垮銀行當季的整體業績，獲利減少三分之二以上。10 月的第一天，瑞士的瑞銀集團宣布要減記持有的 34 億美元次級房貸價值，對於

一家以掌控風險為傲的金融機構來說，這樣的認列實在是令人震驚。4 天後，典型的美國投資銀行與證券商美林證券宣布，自己擁有的投資組合中，次級房貸的價值減少 55 億美元。看到問題來的那間銀行是對的。

儘管壞消息接連不斷，股市已經從 8 月上旬追回損失，而且繼續走高，證明「股市並非經濟」的格言。標準普爾 500 指數和道瓊指數都在 2007 年 10 月 9 日創下歷史新高。這是個讓人印象深刻的績效表現。

這些最新的高峰實際上是因為情況太糟糕所導致。當天早些時候，聯準會公布最近一次的會議紀錄，會議決定的降息幅度超過預期，因為「委員會一致認為這樣大幅度削減借款成本，對阻止信貸市場（包括不動產抵押貸款證券市場）出現問題是必須的。」但因為房貸市場的情況是如此糟糕，在不久的將來利率很可能降得更低的消息下，投資人會買進股票。

投資人開始意識到，雖然很容易知道一個股票投資組合的價值──即使是在 1720 年，牛頓一天也能知道南海公司股票 2 次的交易價格，但往往根本不知道不動產抵押證券這類的投資組合價值。就是這類證券讓匯豐銀行、貝爾斯登、瑞銀集團和美林證券犯錯，這就像屋主不可能知道他們房屋的確切價值一樣。在市場創下歷史新高的第二天，投資銀行高盛宣布，公

司 7% 的資產（價值超過 720 億美元）被標記為「第三級」。這些資產非常神祕，交易也很罕見，因此，即使是在高盛最聰明的人也很難精確評估它們的價值。這 720 億美元中，大多是不動產抵押貸款證券，它們超過這家投資巨頭在年底資產負債表上總股東權益的 1.5 倍。

如果很難準確評估這些神祕資產的價值，那麼即使是對同一家公司放款的銀行業者估計不動產抵押貸款證券的價值，很可能也會完全不同。《華爾街日報》在 2007 年 10 月的報導提到，當一家公司的避險基金經理人在去年 3 月意識到，房價下跌與房貸拖欠率上升，導致自家基金的不動產抵押貸款證券價值下跌時，他把資產價值完全減記或部分減記，並說到：「我正在標記可以合理出售它們的地方。」這樣的做法非常謹慎，但是母公司持有相同不動產抵押貸款證券的其他基金經理人，想要自由地以較高的價格來評估這些標的的價值。他們的動機不太可能是真心的，而且如果他們保持更為樂觀，並做出對個人來說有利可圖的評價，那麼他們的同事做出如此低的評價會讓人很尷尬與麻煩。因此他們更為謹慎的同事就被趕走。

牛頓和其他陷入南海公司泡沫的投機客都已經被自己新發現的能力給迷住了，他們現在可以精準、頻繁的評估股票價格，下一步自然是去猜測股價下一個高點在哪裡。這導致了

過度交易。網路股票的投機客也在做相同的事，許多人認為雅虎、美國線上、Pets.com、Webvan，甚至已經不存在的商業印刷公司「NEI 網路世界」都在走高，因為網路本身傳送即時的價格，把整件事都變成電玩遊戲。2007 年的市場透明度倒退了一大步。就在高盛宣布 2007 年第三季結束時擁有 720 億美元的第三級資產的同一天，一位高盛分析師提到，這些交易頻率很低、幾乎不可能評價的證券，「只有不到一半」的證券在美國以公平交易所設定的客觀價格與競爭對手交易。[5]

一般投資人在 2008 年和 2009 年面對的危險絕對是獨一無二的。在他們的心中，先前的股市崩盤與空頭市場都與股票的價值有關。在 1720 年、1920 年代、1970 年代、1987 年和 2000 年，投資人考量的是自己擁有的股票價值。這一次，考量的核心圍繞著不透明投資工具的價值，像是不動產抵押貸款證券，以及由此衍生出有害的投資工具，包括信用違約交換（credit default swaps）和合成型債務擔保證券（synthetic collateralized debt obligations）。一般投資人會因為股價下跌而苦惱，行為怪癖就會發揮作用，進一步削減投資報酬。2007 年 10 月讓人震驚與感到危險的要素是，一般投資人在接下來 18 個月也許會多次相信當前是底部，傳出的消息很糟，股市還在跌，但那是低點。不過壞消息並沒有結束，利率已經低得太久了，不動產

抵押貸款證券實在太誘人。更重要的是，房價上漲太快，這些投資工具又太晦澀難懂，還隱埋在全球太多公司資產負債表的深處。與此同時，這些公司的領導人無法推測涉及的風險有多大，因此壞消息持續緩慢的流出，導致市場進一步下跌。

花旗集團只是一個例子，儘管這是極端的例子。世界最大銀行的母公司會看到股價被危機壓垮，從 2007 年 562.80 美元的高點，到 2009 年只剩 9.70 美元的低點，跌幅超過 98％。花旗銀行陷入困境的原因是過度自信，以及低估不透明產品所涉及的風險。即使在貝爾斯登以房貸為主的避險基金破產之後，花旗銀行仍然認為手上 1,000 億美元的不動產抵押貸款證券違約的可能性「不到 0.01％」。1,000 億美元的 1％ 的 1％ 是區區 1,000 萬美元，但是另一個高階經理人甚至更加（過度）有自信，宣稱花旗持有的房貸「永遠不會損失一分錢」。在減記花旗集團擁有的不動產抵押貸款證券價值，以及為了解決調查和訴訟而支付的款項之間，花旗在房貸事業上的虧損總計約為 500 億美元。

美林證券同樣認為 2007 年一切如常，不但沒有降低風險，反而還投入更多資金。它在 8 月把資金投進一個新的印度煤礦場，然後簽訂一項協議，在最初幾年買下礦場生產的煤礦。到了 9 月底，美林證券買進一家德國保險公司的大量股份。

儘管有明顯的警告訊號，所有事情還是發生了。在 2007 年美林證券增加風險的同時，由於擔心不動產抵押貸款證券市場的成長放緩，它下調花旗銀行、雷曼兄弟和貝爾斯登的前景展望。在那個月底，情況出現轉折，雷曼兄弟下調包括美林證券等其他投資銀行的獲利預期。然後在 10 月第一週，美林證券宣布減記持有的不動產抵押貸款證券 55 億美元的價值。不過在 10 月最後一週，美林證券宣布要善待員工，儘管股東正在承擔後果。美林證券的薪資占比，也就是工資、紅利和福利占營收的比重，將從同業標準的 49% 飆升至 58%。

　　一般投資人的工作並不是猜測股市下個月的走勢，為什麼不去猜測呢？因為不可能知道實際的走勢。我們會在第 4 章學到這是多麼不可能的事。相反的，一般投資人的工作是去假設市場會隨著時間經過而增值（我們還會在第 4 章中學到如何在這點上安全下注），而且用適合自己年齡的方法來投資，同時努力防止過度自信等行為怪癖與偏誤損害自己的報酬。

　　投資人在此刻**應該**要做的一件事就是讓自己放輕鬆。如果 2008 年教會我們什麼事，那就是許多在精英投資銀行裡擁有讓人讚嘆高薪的專業人士幾乎每件事都做錯了。你似乎應該知道將來會發生什麼事，不過大腦卻對你玩了一個把戲。如果你有一個適當分散投資的合理投資組合，即使看起來標的不好，

但還是繼續投資，而且不屈從於行為怪癖或偏誤，那麼你就已經盡可能做到最好。如果這些事情在 2008 年或接下來的其中一個空頭市場沒有成真，那麼你的工作就是確保下次它們會實現。你是這些事情的關鍵，你選擇的股票並不是關鍵。

## 基本上，我們玩完了

2007 年 10 月 10 日，也就是股市創新高的第二天，標準普爾 500 指數微微下滑 2.68 點，跌幅不到 0.2％。股市的下跌與房貸、次級房貸無關。相反的，波音公司宣布，因為組裝問題，全新的 787 夢幻寬體商用客機要延遲 6 個月上市，同時間，鋁製造商美國鋁業（Alcoa）公布上季財報讓人失望，而且能源巨頭雪弗龍（Chevron）警告煉油毛利面臨下修壓力，他們的獲利受到影響。那年大盤仍然上漲超過 10％，就算績效表現不算驚人，也是很穩健。儘管這些大公司遇到一些小問題，但根本的問題還是房貸，以及擁有房貸的銀行，只是這個訊號在這些雜訊中消失了。這是投資人應該放輕鬆並專注在自己偏誤的另一個理由。

我們這時知道，沒有人了解結合「不動產抵押貸款證券」「貝爾斯登等金融機構使用的槓桿」，以及「對主要股市的潛在影響」所創造的全球性問題有多嚴重。這一切全都可以從

2007 年 10 月成立的一個集團的架構明顯看出來。就在美國股市剛創下新高之後，這個集團接管北岩銀行（Northern Rock）。北岩銀行是一家出問題的房貸放款機構，總部在英格蘭，位置就在蘇格蘭邊境的南方。這個集團由打破傳統的英國企業家理查‧布蘭森（Richard Branson）領導，不過還包括保險業巨頭美國國際集團（AIG）。美國國際集團在 2007 年 10 月考慮要付出更多錢來讓房貸業務冒更多風險的構想，實在是讓人震驚，畢竟 7 月初一位資深主管被問到公司已經擁有的房貸曝險時，他回答道：「基本上，我們玩完了。」

　　1997 年，美國國際集團同意承保某個新商品來讓投保人防止損失，那就是一籃子的銀行貸款。這讓保險公司承保一籃子房貸與房貸分券，過分自信地認為自己了解承保的產品與涉及的風險。不過美國國際集團就像在花旗集團過度自信的銀行家一樣做錯。花旗和美國國際集團都認為不可能賠錢，因為全美國的房屋價值沒有同時間下跌過。房價偶爾會在某些地區出現系統性的疲軟，但是從沒有在全國同時出現疲軟，因此美國國際集團比任何公司承擔更多的保險：有超過 5,000 億美元的各種資產和 780 億美元的房貸。美國國際集團的天才都賭錯了。他們承擔的風險根植於一個構想，那就是房價和房貸價值同步下挫是不太可能發生的事。而且他們把整間公司都壓注在

上面，現在投保人預期他們的損失可以得到賠償。

2007 年 7 月 27 日，高盛要求美國國際集團為他們投保一籃子房貸的愚蠢保險支付 18 億美元。這是第一次有人要求美國國際集團兌現它投保價值數百億美元的抵押貸款保險，那是美國國際集團在過度自信的放縱下認為永遠不會花到 1 美元的保險。高盛的索賠出乎意料，而且金額龐大，以至於有位美國國際集團的高階主管描述說，這樣的要求「突如其來，而且這個該死的數字遠遠超過我們的規畫」。2007 年 9 月 11 日，高盛向美國國際集團再索賠 15 億美元。儘管美國國際集團在房貸上也有自家的問題，再加上席捲匯豐銀行、貝爾斯登、美林證券和北岩銀行本身的公共危機，但是 10 月它在理查·布蘭森計畫拯救北岩銀行上扮演重要角色，這種構想難以理解，不過如果我們記得投資人非常擅長在市場景氣好的時候關注正在發生的事情，而且在市場景氣壞時關注可怕的事情，這就說得通了。情況對美國國際集團來說很糟，但似乎沒有引起太多的關注。[6]

## 鴕鳥效應

投資人的注意力是有限的資源，而且當股市正在下跌時，還會變得更加稀有。當股市陷入困境時，很多投資人應對痛苦

的方式只是在市場下跌後不去查看投資帳戶，就好像看不到損害，損害就會消失一樣。這是一種幼稚的習慣，研究人員稱這是「鴕鳥效應」（ostrich effect），大家都知道這種笨拙的鳥類在危險逼近時會把頭埋進沙子裡。如果看不到危險，鴕鳥似乎就會相信危險並不存在。

鴕鳥效應絕大多數與一個構想有關：在帳戶金額增加時，消耗有限的注意力並檢查帳戶會讓人更愉快（研究人員使用的是「享樂」這個詞），而在帳戶金額減少時則不那麼愉快。如果投資人只是查看自己的銀行帳戶餘額，股價上漲帶來的快樂，遠遠不及屈從於處分效應賣出賺錢的股票所帶來的快樂來得大，但是這還是讓人愉快的事。這是集合許多行為偏誤並損害投資人績效表現的地方。當投資人做完一些事後，就不會太關心自己的投資組合，例如：把閒置現金拿去運用、收割稅收損失，或確保投資組合適當分散投資而進行再平衡操作。有時他們會犯下想像中最嚴重的錯誤，然後在低點賣掉所有股票，或是完全停止投資。貝爾斯登、雷曼兄弟、美國國際集團和美林證券等的專業人士肯定會做一些事情來減輕不動產抵押貸款證券投資組合的損失。不過正如展望理論的解釋，每多損失 1 元會感受到額外的痛苦，而且會出現現狀偏誤，即使是華爾街頑強、有高明手腕的交易員都會拒絕採取行動。

在一項針對 10 萬個退休帳戶進行的研究中發現，如果大盤在前一天上漲，投資人登入帳戶查看的可能性是前一天下跌的 2 倍多；如果股市在前一天上漲，他們執行交易的可能性則會是前一天下跌的 3 倍多，這可能呼應了處分效應。這種注意力的變化會在每天、每週和每月的時間範圍內發生，而且鴕鳥效應是一種穩定一致的個人特徵，這意味著投資人通常要麼會展現出來，不然就是不展現出來，但是他們不會來回切換。美國國際集團的高階經理人似乎完全接受鴕鳥效應，如果他們有興趣成為紓困北岩銀行的成員，就會對房貸有更多曝險。

怎樣的投資人最有可能展現出鴕鳥效應？男性和比較有錢的投資人尤其容易有這種傾向。比較有錢的投資人也許更容易受到影響，因為擁有財富的絕對數字更大。男性往往會在股市表現強勁導致投資組合表現良好的時候，付出更多關注，而當市場疲軟時的關注比較少，這幾乎肯定會助長他們的過度自信，進而導致過度交易，並產生較差的績效表現。這些「鴕鳥」往往會低估風險，因為他們真正關注股市的唯一時間就是股市走高的時候。

注意力有限的投資人最糟的地方，就是選股的方法。我已經討論投資人往往會專注在總部在住家附近或與工作所處產業的公司股票。但是投資人經常也是前一天交易量異常高或股價

波動非常大的股票淨買家，不管這樣的波動是漲或跌。在大型折扣券商的一群散戶買進前一天交易量最大的大型股數量，很可能超過賣出數量的 20 倍。這些投資人買進前一天表現最好股票的數量，也很可能超過賣出數量的 3 倍。投資人也只會買進前一天出現在新聞上的公司股票（回想一下 NEI 網路世界公司的故事）。為了不要重複說明，這裡只說這項研究的作者挖苦地提到：「我們在這裡記錄到由注意力驅動的買進模式，並不會產生優異的報酬。」

　　當一檔股票出現在新聞上，或是用其他方式抓住投資人的注意力時，投資人通常會做一點初步研究，很多人一開始會從 Google 搜尋開始。這讓 Google 的搜尋量可以用來代表一檔股票是否受到散戶們注意。一項使用巴西 2004 至 2008 年數據的研究顯示，一檔股票在 Google 的搜尋量如果增加，這檔股票接下來一週就會產生些微的負報酬。測量到的影響很小，但是對於理解這件事來說，這項研究很重要。任何市場動向的消息都會立即讓專業交易員採取行動，因此在散戶聽到股票看漲的消息，就會轉到 Google 去進行一些研究，決定交易，登入證券帳戶並執行交易，因此創造出預期的上漲。散戶買在接近市場的高點，然後隨著第一次買進股票，或是長期股東輕易受到處分效應的影響而獲利了結，觀察到新持有的股票價格下跌。

不只有讓人吃驚的一天績效或異常交易量會吸引到投資人注意，並吸收他們的投資資金。在其他情況維持不變的情況下，一家公司的廣告支出愈高，會導致散戶和法人更有可能去擁有這檔股票。對很多企業而言，廣告都很有效，但是就像2000 年超級盃上所有網路公司的廣告所證明的情況，有時候打廣告很明顯只是在浪費錢。總廣告支出當然不是衡量一家公司前景的可靠指標。

我們怎麼可能知道吸引投資人的注意力是有限的呢？每家上市公司一年都會公布四次財報，這些公告往往集中在每季結束的幾週內，因此在四月中旬或七月中旬，通常會有幾個重要的盈餘公告。其他會計年度不同的公司也有不同的財報週期，可能會在 8 月中旬或 11 月中旬公布財報，而且可能是當天唯一公布業績的重要公司。我們知道投資人的注意力是有限的，因為當一家公司如果只是某一天眾多公布財報公司中的一家公司，而且公布的盈餘與股市的預期出現驚人差異時，它們的股價反應會比在很少公司公布財報那天公布、盈餘出現類似驚人差異的公司股價反應來得小。盈餘公布發生在一週的哪一天，也會有相同的情況發生。舉例來說，如果是週五公布盈餘，這時投資人可能在考慮其他事情，會導致股價的反應較小。[7]

在一個充斥著投資分析師，以及用電腦演算法處理所有可

投資的證券標的來找出下一個不易找到的投資鑽石的世界裡，這些引人注目的特徵可能都不會有幫助。當每個人都因為成交量很大、股價大幅波動或電視廣告而聽到一檔股票時，這檔股票擁有尚未發現價值的可能性就會非常小。

## 募資競賽

　　標準普爾指數在 2007 年結束時只有 3.5％的漲幅，在最近的 10 月就把大部分收益都吐回去。但是股市很幸運地抓住一些報酬，即使這樣的報酬很微小。在聖誕節的前一週，投資銀行摩根士丹利告訴全世界它在前一季損失 36 億美元，全都是因為減記擁有的 94 億美元房貸資產價值。這是摩根士丹利多年來第一次出現季度虧損，上次虧損可以追溯到網路泡沫破滅之前。在這一年蹣跚走向結束之際，唯一的好消息來自美林證券，這家公司在聖誕節宣布已經從外國投資人那裡募集到超過 60 億美元的新資金。

　　標準普爾指數在 2008 年第一個交易日下跌 1.4％，預告接下來要發生的事情。那年的指數收盤價沒有一次出現正數。不過，就連當天收盤前都有壞消息傳來。美林證券宣布被迫以 5,000 萬美元的折扣將兩家壽險公司賣給一家荷蘭公司。在美林其他部門承諾買進前一年收購的印尼煤礦公司所有產出的同

時，它賣出這些公司來釋出 8 億美元的資金。同一天，報導指出，儘管美林證券在前一週募集到所有資金，但還是在跟中東與中國的主權基金交涉，希望能再有一筆龐大的資金注入。還有新聞報導提到，美林試圖在本週結束前向日本一家銀行募集 9.25 億美元。

不過這些金額遠遠不夠，因為 1 月 17 日美林證券公布 2007 年第四季的業績。由於公司持有的房貸價值減記 167 億美元，使得當季淨虧損 98 億美元。美林新執行長沈約翰（John Thain）稱這樣的業績「不可接受」，這是典型的輕描淡寫。很快的，美林宣布從韓國和科威特的基金募集額外的 50 億美元。這家公司總共募集到 128 億美元，但是還沒有辦法彌補公司在次級房貸上認列的 167 億美元虧損，這些次級房貸無法用任何價格拋掉。全球所有銀行在次級房貸相關的損失總計超過 1,000 億美元，而且這還是 2008 年第一個月的數字而已。

所有投資銀行都在比賽。他們必須募集額外的資金，而且必須正視本身擁有的次級房貸所造成的損失。在其他金融商品的利率比較低的時候，銀行很容易把各種房貸組合起來賣出去，因為組起來賣可以多提供幾個百分點的收益率，每個人都想要買。現在銀行的銷售管道受阻，以前的買家想要賣掉已經擁有的東西，沒有人願意用任何價錢來接手。從匯豐銀行

向世界發出次級房貸價值下降的警告以來，時間已經過了將近
1年，而且從法國巴黎銀行坦承次級房貸市場「流動性完全蒸
發」以來，時間也過了5個月。

　　隨著銀行競相募集足夠的資金來維持償債能力，他們還面
臨據說是老練的法人所發起的一系列訴訟，這些法人買了銀行
兜售的不動產抵押貸款證券。這些證券擁有更高的利率，並承
諾是可以取得的證券中最安全的證券，因此就很容易出售，即
便持有這些證券的人完全不適合持有。1月中，位於康乃狄克
河畔、擁有15萬人口，以籃球發源地聞名的麻州春田市警告
美林證券，準備對2007年買進的14億美元不動產抵押貸款證
券幾乎全部虧空提告。春田市一直是從眾的一員，總是買進它
不了解的不動產抵押貸款證券。市政府承認並不了解購買的東
西是什麼，因為在買進以前並沒有閱讀證券銷售書，這些銷售
書會解釋它買下的東西。我們知道這一點，是因為它甚至到買
進幾個月以後才收到證券銷售書。[8]

## 基金經理人從眾可能理所當然

　　一般投資人喜歡成為群體的一部分。有些研究人員說，這
是因為我們在面臨不確定性時會非常興奮地跟隨人群。還有人
則說，僅僅是某個群體的一員，就會改變人感受世界的方式，

而這種改變會強化從眾的本能。當投資人選擇模仿他們看到其他投資人正在做的事，而不是走自己的路，市場上就會出現從眾行為。他們會這樣做，通常是因為相信其他投資人比較聰明，或是更有見識。有時成為群眾的一員甚至會引導人們違反規定。

亞利桑那州化石森林國家公園的訪客每年大約會偷走 14 噸的石化木。這個國家公園 1 年有將近 100 萬名訪客，即使個別竊盜的規模很小，但合起來的損失還是很大。為了阻止這些竊盜行為，公園管理局的官員豎起警告標誌，但心理學家想知道這些警告標誌是否成為這個問題的一環。警告標誌標明竊盜的數量，但接著似乎強調這些竊盜行為「大多數一次只偷竊一點」，藉此要消除這件事的嚴重性。也許是這些警告標誌讓竊盜正常化，表明訪客應該隨意「加入群眾」，而且只拿一點東西就可以幫助自己。果然，當研究人員將那條路上的警告標誌完全移除之後，竊盜案就減少三分之一。把讓竊盜案正常化的警告標誌替換成沒有提及竊盜數量，而且在常用的紅色圓圈和紅斜槓表達「不」的象徵背景下，放上一隻手偷一塊化石木的圖像，竊盜的數量就下降 80％。當成為群眾的一員不再是可行的事情時，竊盜就減少了。

同樣的事情也經常發生在投資人身上，他們之中有很多人

會莫名其妙地寧願成為群眾的一員，而不是成為做正確事情的一員。這有時會導致泡沫隨著投資人前仆後繼與從眾效應而變得更為極端。這樣做有一段時間會有效，接下來就沒效果了，而且泡沫往往會以驚人的方式結束。

即使這個群體是錯的，但希望成為群體的一員也是交易的社交動態之一，尤其是在景氣不好的時候。一項針對1997至1998年亞洲經濟危機期間韓國投資人的研究顯示，在危機爆發前獨立行動的各類型投資人，在危機爆發後突然開始互相模仿。結果，從眾效應和正向回饋交易策略（positive-feedback trading）[譯注] 將表現最差的股票股價壓得太低，而把表現最好的股票股價推得太高。對於走自己的路的交易者而言（有些人會稱它為「逆勢交易者」〔contrarian〕），績效的差異會很明顯。逆勢交易者在危機期間不管是用1個月到6個月為單位來衡量，每一個月的績效表現都優於群眾的績效表現。他們1個月的超額報酬率超過9個百分點。要走自己的路可能很困難，因為會非常不舒服，但是這樣做的人都會得到回報。

我們怎麼會知道大多數的人寧願成為群體的一員，甘於績效差，也不願意走自己的路，得到比較好的績效呢？在另一項研究中，針對一組5個人的群體，用不同的角度呈現一對立體形狀的東西。每個受試者的斷定應該會兩種形狀的物體是相同

或不同。然後在團體裡的每個人都會看到其他人的答案。這些答案會顯示在參與者的姓名和照片旁邊的螢幕上。為了讓這個練習更有親切感，小組成員在活動一開始會互相自我介紹，在實際測驗開始前還進行一輪友善的練習。

在測試期間，每個參與者的大腦據稱都會接受 MRI 掃描，但在一個轉折點時，每個團體裡只有一個人是真正的受試者，其他成員則是演員，他們被指示在測試到一半的時候故意給出錯誤的答案。當真正的受試者回答的答案與群體共識有衝突時，即使那個答案是正確的，受試者的 MRI 會顯示右側杏仁核的活動增強，這是大腦掌管負面情緒的部分。如果小組中的其他人偏好錯誤的答案，那麼真正的受試者將正確答案改為錯誤答案的機率會是 27%。在這種情況下，意見與群體相左並不會引發「為何他們會弄錯？」的智力問題，而是會引起「我是怎麼了？」的情緒性反應。必須成為團體（群體）的一分子是一種強大的需求，而且是由情緒所驅動，而非智力。這可以解釋為什麼牛頓會對群眾的看法信以為真。這也解釋為什麼在 2000 年會有這麼多網路股票投資人相信成為群體的一分子是

譯注：只在上漲時買進，在下跌時賣出的交易策略。

必要的。這也就是為什麼有如此多的人買下幾年後無法負擔的房子。這些人已經證明它不利於我們取得更好的股市報酬。[9]

當獨立思考的能力難以實現又至關重要時，從眾效應在空頭市場或股市崩盤的下跌階段它特別危險。如果身為群體一員的投資人開始相信虧損會繼續，就像一群在飛行中的椋鳥整體移動一樣，那麼空頭市場或崩盤就會持續。當處理資訊的成本增加時，就像股票價格正在下跌和我們的注意力減弱的時候一樣，那麼從眾的誘惑就只會增加。

在一群椋鳥中，同時俯衝和爬升的現象被稱為「群飛」（murmuration）[譯注]，讓人看得目不轉睛。這種行為被認為可以在獵鷹等捕食者的環伺下提供保護，因為獵鷹要在數千或數萬隻如波浪般起伏飛行的鳥中辨識出單獨一隻鳥是很困難的。每隻椋鳥只注意其他 7 隻鳥的行動，而且就像一位研究人員描述的那樣，這展現出一種「在高度不確定的環境，以及擁有有限、雜亂資訊的情況下，保持群體凝聚力的非凡能力」。可惜的是，投資人的從眾效應並沒有這樣的保護作用。[10]

房地產泡沫本身就是由從眾效應所導致，因為潛在的房屋買家看著實際買房的人，並決定加入群眾，認為之前來過的人已經做好困難的計畫和預算工作，所以一定不會出問題。一群人買了自己無法負擔的房子，結果無法償還債務。

許多交易員會談到，一旦有個趨勢正在形成，就要利用動能策略（momentum strategies）投入股市。動能策略只是以模糊的學術語言來偽裝，它其實是從眾心態的化身，試圖為這整個方法提供正當性。

從眾效應在一種情況下是合乎邏輯的，至少對專業的基金經理人是如此。如果付錢讓別人代你操盤，他們可能會有反常的動機去追隨群眾，即使他們相信群眾是錯的，就跟測試對象在比較物體形狀並進行 MRI 掃描的實驗一樣。怎麼會這樣呢？如果你的基金經理人走自己的路，然後在群體賺錢的時候虧錢了，他就要承擔所有責任，你可能也會把自己的錢移到其他地方。如果他在別人虧錢的時候賺錢，那麼自我歸因偏誤（self-attribution bias）就會變強，你往往會稱讚自己選到正確的經理人，而這個經理人也只獲得一部分的功勞。但是如果基金經理人成為群眾的一員，在其他人虧錢的時候虧錢，在其他人賺錢的時候賺錢，那麼聲譽受損的風險就會變小。在這種情況下，有些基金經理人會把泡沫描述為「因為沒有持有某些投資標的而讓我被解雇」。

譯注：原意是嘰嘰喳喳的意思。

在 2008 年 1 月，身為群體的一員對投資人來說，似乎無利可圖，標準普爾 500 指數在該月下跌超過 6％，而且在 1 月 8 日下跌近 2％之後，已經比歷史高點低 10％，正式進入「修正」階段。一些投資人似乎了解問題有多大，但雷曼兄弟的管理階層並不在其中，這家公司剛好在 7 個半月之後消失。但是 1 月 29 日，在那可怕的月份即將結束時，雷曼兄弟決定要提高股息，並買回高達 62.5 億美元的自家股票。

## 貝爾斯登被併購，但市場反應平淡

對股市來說，2008 年 2 月的表現也沒有多好，對美國國際集團而言，情況甚至更糟。標準普爾 500 指數又下跌 3.5％，導致該年已經下跌超過 9％。在 2 月的月底，美國國際集團終於坦承大家都知道的事情，它為銀行組合的一籃子房貸提供防止虧損的保險，而且過度自信地認為自己知道正在做什麼事。美國國際集團終於正視問題，但負責承保的部門高階主管約瑟夫・卡薩諾（Joseph Cassano）認定公司的負債只有 12 億美元。美國國際集團的外部會計師則斷言問題更大，正推動要減記 50 億美元的負債。在著手調查並確實計算損害之後，美國國際集團在 2 月 28 日宣布減記超過 110 億美元。公司的股價在 2 月的最後兩天下跌超過 10％，但是月底收盤時，只比前一年

的最高點低了 35％。

標準普爾 500 指數在 2008 年 3 月只下跌一些，但投資人受一連串的消息打擊。2 月的最後一天，美國聯準會主席柏南克警告，如果一些銀行因為這次危機倒閉，他不會訝異。銀行在月初清算另一檔以房貸為主的避險基金，就像他們在前一年清算貝爾斯登的避險基金資產一樣。幾天後，花旗集團發表一份聲明，表示公司對於目前的資產水位感到滿意。第二天，股價下跌 4.4％，那週稍晚，貝爾斯登證實與一家中國銀行商討挹注急需資金的交易還在進行，儘管它被迫調整交易條件。同一天，花旗宣布收掉一些表現不佳的地區分行，這個舉動受到歡迎，即使花旗集團是迫切需要削減支出。3 月 8 日，有報導指出，美國聯邦調查局正在調查次級貸款機構國家金融服務公司是否有證券詐欺的行為。雷曼兄弟則洩漏消息說要裁員 5％，藉此扭轉近期增加股息，以及宣布買回庫藏股這種揮霍無度的形象。

然後在 3 月 11 日星期二，聯準會注入額外的流動性到金融部門的消息，使股市上漲將近 4％。在這天早上之後，陸續還有好消息傳來，貝爾斯登執行長艾倫・史瓦茲（Alan Schwartz）上電視向投資人保證，他的公司經營穩健，而且對於這一季的獲利感到「滿意」。

第二天，貝爾斯登的律師在美國財政部前面坦承，儘管史瓦茲再三保證公司沒有問題，但貝爾斯登仍處於嚴重的財務困境中。史瓦茲的公開保證、公司的實際情況，以及美國財政部的說法，根本不可能一致。美國投資銀行不會苟延殘喘到死，它們會從或多或少還算健康，到擁有足夠的信用，再到死亡。2008 年，投資銀行以每天展期的短期隔夜借款來資助日常營運。當其他金融機構拒絕貸款展期時，銀行就倒閉了，實際上這是發生在一天之內的事。像貝爾斯登那樣陷入困境的銀行，未來的命運就像海明威的小說《太陽依舊升起》（*The Sun Also Rises*）的主角一樣，當被問到如何破產的時候，他回答：「兩種方法，逐漸走向破產，以及突然破產。」

　　到了週末，貝爾斯登承認經營失敗，被美國最老與最大的金融機構摩根大通以低價併購，但是聯準會有出手援助，這是聯準會成為最後放款人、願意在必要時介入的指標。當年股市只下跌 1.6％，美國僅有 5 家的投資銀行，對於其中一家倒閉，市場只有平淡的反應，儘管這家倒閉的銀行是 5 家投資銀行中最小的。但是市場的反應可能更像是對聯準會採取特殊行動的反應，而不是承認對問題有多大的反應。

　　接著，到了 3 月 18 日，雷曼兄弟公布第四季淨利是 4.89 億美元，比預期高出 12.5％。這個警示事件攸關不動產抵押貸

款證券市場價格不透明、持有這些證券的人可以自由評估證券價值，以及散戶愚蠢地試圖從一家公司公告的盈餘來發掘市場洞見，這家公司在短短的 181 天後將申請破產。

這個月還有更多雷曼兄弟的消息，該公司坦承，由於日本分公司涉及偽造文書的詐欺行為，並放款給醫院買進不存在的醫療設備，因此可能虧損 2.5 億美元，這個數字超過前一季一半的盈餘，而且該公司快要無法承擔這筆虧損的金額。

3 月在星期一結束，標準普爾指數只下跌 0.6％，體現那個月的新聞時好時壞的特性。實際上，股市的下跌幅度很小，呈現的是交易者已經感受到資訊超載的影響。[11]

## 資訊超載

就像注意力是一種有限的資源一樣，費力解讀財務數據並做出明智選擇的能力也是如此。隨著 2008 年初恐怖的新聞報導和讓人擔憂的財務數據大量出現，大多數投資人顯然都不知所措。資訊超載與鴕鳥效應和現成偏誤等問題有關，但也很容易緩解。掌握金融知識的投資人可以在股市平靜的時候學習良好的投資習慣，就可以避免在崩盤或空頭市場期間有資訊超載的情況。

投資人可以仰賴經驗法則和捷徑來預測，研究人員稱這是

「捷思法」，在遇到訊息超載時做出決定。捷思法是節省時間的一種有用工具，但也很容易受到前文討論過的許多行為偏誤影響。在資訊超載期間，投資人會變得特別容易受到聲勢最大或最受關注的股票所影響，因為這些股票的交易量很大，或是波動很劇烈。當投資人有資訊超載的情況時，更有可能會加入群眾，而不是走自己的路，而且即便決定是正確的，也不太可能滿意自己的決定。出於這個原因，太多資訊對決策的不利影響與太少資訊一樣大。

　　一項關於資訊超載的研究提供測試對象兩個選擇：他們可以從一份共同基金清單中為假想的退休帳戶做出資產配置的決定，不然就是可以只把錢全部放到貨幣市場基金。貨幣市場基金很安全，也可以消除決策負擔，但是只會產生非常少的報酬，因此對退休帳戶來說是糟透的選擇。而實驗中提供的共同基金則包括一系列的資產類型與策略，研究人員還為每個共同基金提供詳細的策略與績效數字。每檔基金的細節都是從實際存在的基金中借用而來的，因此可以代表實際的產品，但是為了避免任何偏誤或熟悉感，基金有改變名稱。每個測試對象還完成一份測試，共 10 個問題，藉此衡量他們的金融知識。

　　在其中一項測試中，受試者得到至少 6 種的共同基金選項。而另一項測試中，他們則會從多達 60 種的選項中做選擇。

即使只提供 6 種替代方案，研究證實，金融知識最低的人也達到資訊超載的程度，對此舉手投降並選擇貨幣基金這種預設選項的頻率，是金融知識最豐富的參與者的 10 倍（20%比2%）。也許最令人苦惱的是，雖然減少投資選項的數量可以使測試中金融知識最高的人減少資訊超載的感受，但是對於金融知識最低的人而言，只提供 6 種選項幾乎沒有任何影響。他們的資訊還是超載了。

　　資訊超載會對投資表現產生有害的影響，它會導致投資人貪圖安逸。投資人往往會因此選擇最簡單的選項，像是這項研究中的貨幣基金。資訊超載也會增加現狀偏誤與惰性，而這兩件事都不是最適選項。但是當市場崩盤和銀行倒閉每天都成為新聞頭條時，很容易理解投資人正變得不知所措。避免資訊超載的關鍵是擁有的金融知識多寡。[12]

　　很多時候，當提到金融知識時，我們會想像那是指可以詳細解析複雜的財報。事實上，大多數投資人都能藉由專注在一些基本概念來改善金融知識。美國金融業監管局負責監理交易與證券商，並提供一份簡單的 6 個問題測試來衡量金融知識。這些問題涵蓋複利、通貨膨脹對儲蓄的影響、利率的改變和債券價格之間的關係、不同的房貸，以及分散投資策略對風險承擔數量的影響等主題。沒有一個問題是非常困難的，但是對於

參與測試的一般大眾來說，平均只有答對 3 題。因此，至少對於新手來說，改進金融知識的最好方法，就是鎖定在這些基本概念。從傳統媒體或網路上都很容易取得每個主題更多的資訊。尋求增加金融知識的人最好少考慮目前最熱門的股票，或是少考慮讓他們感覺充滿個人魅力的執行長，而且要多思考這些簡單的概念。

## 次貸困境從金融問題轉為犯罪問題

道瓊指數在 2008 年 6 月下跌超過 10％，這是 2002 年 9 月以來表現最糟糕的一個月，在 2002 年 9 月那時，股市還沒有從網路泡沫破滅和 911 恐怖攻擊中恢復。標準普爾則是從 2008 年 6 月開始下調大銀行的信用評等，接著美國的失業率跳升到 5.5％，是 4 年來最高的水準。到了 6 月 9 日，雷曼兄弟被迫提前公布當季業績，這家公司終於面對現實，總計虧損 28 億美元，股價也因此受到重創，當天下跌 8.7％，交易量超過 1.68 億股，成為紐約證券交易所交易最熱絡的股票之一。如果投資人受到股價的大幅波動或巨額成交量所吸引，買進雷曼兄弟股票的話，應該會很後悔。雷曼兄弟的股價在那天收在 29.48 美元，之後再也看不到這麼高的價格。你會看到，最初在阿拉巴馬州蒙哥馬利市以雜貨店起家的雷曼兄弟，將近 165

年的歷史即將在短短 98 天後結束。

雖然美林證券可能是以零售證券公司的「閃電牛群」（thundering herd）而聞名，但它是另一家擁有自豪傳統的美國投資銀行。這家公司不僅在大蕭條中倖存下來，還憑藉著支付給證券業務員足夠的薪水，消除為了賺取佣金，導致客戶流失的情況，改變第二次世界大戰後證券業務員的面貌，美林證券迎合一般投資人，而不只是迎合有錢人，並在 1950 年代和 1960 年代將這些投資人引進華爾街，同個時間，它開始累積財富。美林是最早上市的投資銀行，而且在 1980 年代和 1990 年代擴大投資銀行業務。在接下來的 10 年，該公司持續發展，這次成為買進房貸、將這些房貸包裝成許多證券、並出售給渴求高收益的投資人最大的一家公司。

現在，在 2008 年，美林證券繼續全力募集資金，並拋售資產，以維持償債能力，因為房貸還在持續貶值，因此保留在帳面上的房貸放款可能賣不出去。

整個次貸困境在 6 月中旬微妙的從金融問題轉為犯罪問題。6 月 19 日，聯邦調查局逮捕 406 位房貸放款銀行家和房地產開發商，這是制裁總計超過 10 億美元房貸詐欺的一部分。同一天，管理已經清算的貝爾斯登避險基金的兩名基金經理人被逮捕，而且被指控藉由謊報基金的財務狀況來留住現有的投

資人，並吸引新投資人。就像英國國王喬治一世在南海公司倒閉之後關閉港口，防止負責人潛逃到歐洲大陸一樣，每個人都可以指責並逮捕應該要負責的人。6 月結束時，道瓊指數在那年已經下跌超過 14％。在這個階段，即使是最懂金融知識的人，也很容易感到不知所措。[13]

2008 年 8 月之前倒閉的公司幾乎都不是華爾街的支柱。貝爾斯登已經倒閉，被摩根大通收購，但是貝爾斯登一直是投資銀行中最弱小的銀行，向來被認為如果面臨大問題就會不堪一擊；新世紀金融公司破產時只有 12 歲，但是這家公司會倒閉並不讓人意外，因為它就處於聲名狼藉的次級房貸熱潮中心；至於 20 歲、總部在加州的獨立國家房貸公司（Independent National Mortgage Corporation，簡稱 IndyMac，儘管這家公司跟印第安那州或印第安納波利斯沒有任何關係）[譯註] 則是次級房貸的主要發行商，遊走在美國金融體系的邊緣經營，當它 7 月 11 日倒閉時，正是有史以來最大的銀行倒閉事件之一。然而，股市卻隨著這個消息反彈，因為沒有一家銀行的倒閉特別出乎意料之外。道瓊指數在 7 月小幅上漲 1％，8 月上漲將近 1.5％。

但從 2008 年 9 月開始捲入動亂的公司，正是華爾街還在跳動的心臟。如果衡量一場金融災難是用被迫無法經營的銀行歷史數量，那麼沒有哪個時期比得上這一年的 9 月。

# 雷曼兄弟破產

在大蕭條期間，有將近四分之一的屋主因為抵押品被查封而失去房屋，當然對他們而言，整家人被逐出房屋有很大的影響，但是這並沒有解決銀行或國家經濟的問題。那時的銀行資本有限，而且被迫節約使用剩餘的資金，因此他們無法填補資金缺口，並提供貸款給屋主或潛在的屋主。在那個時代，唯一有資源放款的實體組織是聯邦政府。1938 年，國會成立聯邦國家房貸協會，很快就被暱稱為「房利美」（Fannie Mae）。銀行會提供房利美想要的房貸類型，而房利美也會反過來向銀行買進房貸，因此銀行的資金被釋放出來。這個機構一直是以政府的一個部門來運作，直到 1968 年分拆出來成為一家民間公司，由股東擁有，但是受到聯邦政府的監理。

房利美數十年來服務兩位主人，第一位主人是期望投入資金可以獲得合理報酬的股東，另一位主人則是仍被視為房利美知名父親的政府。似乎為了強調這點，房利美和它的手足，也就是成立於 1970 年的房地美（Freddie Mac，聯邦住宅抵押貸款公司）都被稱為「政府贊助企業」（GSEs）。由於房利美不僅由政府

譯注：印第安納州（Indiana）簡稱 IN，印第安納波利斯（Indianapolis）簡稱 Indy，與獨立國家房貸公司的簡稱看起來有關係。

贊助，還受到政府監理，因此政府可以自由掌控贊助企業的經營業務。最初，這些公司執行一些符合常理和急需的抵押貸款發行需求，像是禁止因為膚色的歧視。然後，在 1995 年，政府擴大目標，幫助各地的中低收入家庭，以及一些在特定地區收入非常低的家庭買屋。

2008 年，政府贊助機構擁有或擔保美國將近一半尚未償還的房貸。7 月，房利美帳上有 8,430 億美元的房貸，這是個讓人擔憂的數字，因為房利美的資本只有 390 億美元，所以如果房貸組合的價值多下滑 5%，房利美就會無法償還債務。這不是說說而已的擔憂，美國房價指數已經比 2006 年的高點下降超過 10%，而且 9% 獨棟住宅因為抵押品被查封而讓抵押貸款被取消，或是至少有 1 個月逾期繳房貸。2008 年 9 月，房利美與房地美因為房價下跌而重創。它們的規模龐大、幾乎沒有償債能力，對經濟體又非常重要，它們發現自己必須仰賴政府幫忙。2008 年 9 月 5 日星期五收盤後，財政部長亨利·漢克·鮑爾森（Henry "Hank" Paulson）告訴房利美與房地美的領導階層，聯邦政府正在接管公司的掌控權。雖然鮑爾森稱這只是行使「監管權」，但實際上是要接管公司。[14]

在崩盤和恐慌期間，投資人希望看到政府或聯準會正在採取行動，胡佛總統的政府在 1929 年 10 月股市崩盤後接下來的

幾天和幾個月內沒有作為，使崩盤的影響加重很多。鮑爾森採取行動，並採取激烈的手段。股市在週一重新開盤時上漲超過2.5％。無論如何，這是不幸的起點。週二，道瓊指數把週一的漲幅全都吐回去，而大多數避免資訊超載或鴕鳥效應的投資人再也無法避免身陷其中。

週二股市下跌，因為有消息指出，雷曼兄弟想要用被併購而獲救的最大希望已經落空了。雷曼兄弟週四宣布每個人都知道的消息：公司正尋求被併購。這家公司告訴全世界它只是缺少流動性，也就是說，該公司的資產價值比借來的所有資產還高，只是這些資產無法輕易出售。但世人都「正確」認定雷曼兄弟已經沒有償債能力，也就是無論它有多少流動性，它的資產價值已經比借來的所有資產還來得**少**。

剩下的就只等著公司摔得粉身碎骨。時間就發生在 2008年 9 月 15 日星期一，雷曼兄弟正式申請破產。

同一天，美國銀行同意以 500 億美元併購美林證券。儘管這個價格比美林證券在 2007 年最高市值低了 77％，出奇的低，但這對美林證券來說是好事，也讓股市不必承受另一家大公司倒閉的痛苦。這家不太可能活到下週的公司一直加速朝破產方向前進，破產的規模將比雷曼兄弟的規模還多出一半。[15]

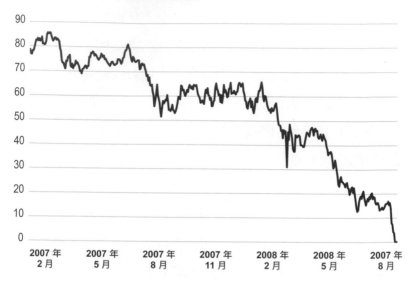

### 雷曼兄弟的股價，2007 ～ 2008 年

標準普爾 500 指數也在這個星期一下跌 4.7％，3 年來第一次以低於 1,200 點收盤，自 2007 年 10 月的高點以來已經下跌 23.8％，現在正式進入空頭市場。當天，在美國剩下的 4 家投資銀行中，有 2 家已經消失或被併吞。大家見證到美國歷史上最大的破產申請案，就快要看到另一家更大型的公司破產。投資人即將要反應過度了。

1913 年成立的聯準會就是為了這個時刻而存在。在聯準會成立以前，除了摩根大通這樣的民間銀行以外，股市從驚慌

失措到出現危機，再到崩盤，沒有人能夠提供資金與援助。聯準會一直想要成為最後放款人，在 1930 年代的失敗之後，聯準會的領導階層一直了解股市需要它扮演的角色。1987 年 10 月，在華爾街歷史上最嚴重崩盤後的第二天，新上任的聯準會主席艾倫·葛林斯潘（Alan Greenspan）在一份簡潔又務實的備忘錄中宣布，聯準會有錢，願意借出所有急需的資金，葛林斯潘自此也成了典範。

他的繼任者班·柏南克有後見之明的優勢，但是柏南克比任何人更了解應該用什麼正確方法來應對一場金融危機。他在 1983 年寫下的首批學術論文認為，在大蕭條最初幾年，「有些借款人（尤其是家庭、農夫和小公司）發現貸款成本高昂，也很難取得」，並繼續認為這就是衰退如此嚴重，而且持續如此長時間的原因。

2007 年金融體系開始崩潰時，柏南克知道緩解壓力的方法是降息。因此，他在短短 18 個月將一項重要的短期利率從 5.25％降到幾乎是 0％。這樣的做法在未來可能還不夠，特別是如果我們始終沒有激起讓利率回到正常水準的意願的時候，但是在入侵科威特、網路泡沫破裂、金融體系崩潰或流行病肆虐等動盪期間之後，投資人應該留意到這件事。如果聯準會積極把利率拉得更低來減緩壓力，那麼它正在做正確的事。

## 反應過度與現成偏誤

投資人會在崩盤和空頭市場期間反應過度。即使世界似乎看起來即將走到盡頭,幾乎不可能出現反應過度的情況,但投資人就是會生起這種情緒。2008 年,隨著雷曼兄弟倒閉與美林證券幾乎要倒閉,金融界似乎即將走到盡頭。可以理解大眾對於雷曼兄弟垮台所產生的驚嚇反應。

對陷入困境的重要大型金融機構,美國政府從來沒有只是袖手旁觀,撒手不管。它已經翻開支票簿,並同意彌補貝爾斯登最初的 290 億美元損失,以文明理性的方式讓貝爾斯登被收購。同樣的,1998 年,在總部位於康乃狄克州格林威治貴族區的避險基金長期資本管理公司(Long-Term Capital Management)倒閉期間,美國財政部精心安排一項涉及多家全球投資銀行的民營部門紓困計畫。但這一次,財政部長鮑爾森並沒有對雷曼兄弟提供這樣的支持。這回答了投資人對於雷曼兄弟會發生什麼事的問題──那就是它會倒閉,但它還對剩下的銀行提出更多問題。如果剩下的銀行中有一家倒閉時,股市會發生什麼事?股市的反應會急遽升級成過度反應。

大多數的人對於意外和戲劇性的事件會反應過度。這可能是一個時代的演化遺跡,當時,對一種人身威脅做出極端過度

的反應幾乎不必付出代價。但是情況不再是這樣了，反應過度的投資人會在低點賣出股票，承受真正的代價，也就是付出機會成本，當市場不可避免的反彈時沒有投資。為了完全揭開那個時刻我們的反應在數學上的不理性，必須穿越太平洋，並回到 250 年前。

托馬斯‧貝葉斯（Thomas Bayes）是 18 世紀英國的神學家和數學家。貝葉斯大部分的職業生涯都是研究數學的長老會牧師。在他的一生中，他只發表一篇論文與數學有關，那篇論文與神學的關係甚至跟數學的關係不相上下。因為有一位神學家抨擊牛頓的微積分，而那篇論文是要為微積分辯護。不過貝葉斯在的晚年，把他的數學技巧轉向去研究大家仍舊不太了解的機率。

他意識到，在試圖對一個問題找出正確的解決方案，例如：在現代我們要正確為股市定價的問題，應該要把每個新數據都適當的整合起來考量，這樣才能獲得最有可能的解決方法。他的貢獻是一條數學公式，這個公式會根據最初的條件和隨後相關資訊的事件，來得出量化的機率。如果某個人一直以來都在整合新資訊，而且為這些新資訊設定適當的權重，那麼他就可以一直朝向正確答案推進。雖然不可能知道一檔股票「正確」的未來價值，但是貝氏定理（Bayes's theorem）可以指引我們對

之前所有發生的消息做出正確的反應。

　　就像一個例子：標準普爾 500 指數自 1962 年以來，一週上漲的機率是 56.3％，因此這是基準利率下的結果。但是利率的改變會對股價產生重大影響；隨著利率上升，股票吸引力通常會降低，會有更多投資人願意接受明確肯定的事情，比較不願意在股市承擔風險。隨著利率上升，股市在任何一週上漲的機率都會下降。

　　貝氏定理告訴我們，如果 10 年期公債利率上升，標準普爾 500 指數任何一週上漲的機率只有 55.2％。我們知道基準情況，一週上漲的機率為 56.3％，也明白正確應對利率上升消息的反應：股市一週上漲的可能性會稍微降低一點。貝葉斯正把投資人推往正確方向，不過投資人並不在意。

　　會出現這種情況的一個原因是反應過度。儘管新數據非常重要，但基準情況或長期趨勢的重要性超越當日公布的前一季盈餘、利率的小幅調升、甚至投資銀行的倒閉。無論如何，投資人往往會關注最顯著的一些資訊，即使它只是傳言，並對它反應過度。根據貝氏定理，新數據應該要修正我們的走向，但是這樣的修正幾乎是不知不覺的，但在反應過度緊抓住方向盤下，我們就跌入壕溝了。[16]

　　貝葉斯之後過了幾個世紀，到了 1977 年 6 月，丹尼爾‧

康納曼和阿莫斯·特沃斯基正在思考反應過度的問題。美國軍方曾要他們提供決策相關的建議，為了回應這個要求，他們寫了一篇論文，討論「直覺判斷和憑經驗的猜測」。在那篇論文中，他們提到人類有個傾向是對更直接的資訊花更多的心思，像是突發新聞或最大幅的股價波動，不過對長期平均表現等數據的考量較少。

相同的現象也適用在股市的投資人，結果是看到當天的新聞時會反應過度，有時的反應還會過於激烈，而不考量上個世紀的平均報酬。康納曼和特沃斯基還強調，這些判斷錯誤並不是隨機發生的，而是「系統性」的，換句話說，這是源自於根深柢固的偏誤。而且讓人沮喪的是，有人可能認為受過訓練的專業人員可以從決策中排除所有偏誤，不過康納曼和特沃斯基卻表示，一般新手和專家的決策流程並沒有差異。

也許金融市場反應過度最好的例子，就是在一家公司宣布分割股票後，股價和價格波動都有增加的趨勢。當一家公司分割股票時，它會按照現有股東的持股比例來發行新股給這些股東。如果這家公司宣布以 1 股換 2 股來分割股票，那麼持有 100 股的股東會額外收到 100 股的股票，因此在股票分割之後會擁有 200 股。而擁有 500 股的投資人在股票分割後則會擁有 1,000 股。公司的目標是使股價降低，讓更多股東有能力買下

100 股的股票。如果股票的數量加倍，但公司其他方面沒有改變，那麼股價應該會減半。股票分割對公司總價值的影響，應該不會大於「把一張 20 美元的鈔票換成兩張 10 美元的鈔票」對你口袋裡的錢的影響。但是有項研究卻發現，宣布分割的股票在第二天會比大盤上漲超過 2 個百分點。另一項研究則發現，股價的波動性在分割後會增加 30 ％。原本應該對公司總價值完全不受影響的消息，投資人卻會對此做出反應，而且還是反應過度。

對股票分割的反應並不是投資人在一天內唯一看到的過度反應。在某個程度上，幾乎每天發生的所有交易都是對最細微的新聞花絮反應過度的結果。就像凱因斯在 1936 年出版的《就業、利息與貨幣通論》中寫到：「現有投資標的每天的獲利波動，顯然是短暫且無關緊要的，但對股市往往會有完全過度、甚至很荒謬的影響。」[17] 換句話說，瞬間的價格變化，是對一家公司獲利能力短暫波動的反應過度。因為無法對每天在證券交易所發生的交易量有很好的解釋，所以我們不得不從尋求快感和過度交易的角度來看待這些交易。

投資人也會對更長的投資時間範圍反應過度。就像我在第 1 章討論過，確定股票價值的一種方法是把未來到永久所產生的貼現現金流加總起來。儘管有一個可以描述為「直到永久」

的時間範圍，但投資人還是可能會對一些事情反應過度，像是對一系列讓人失望的短期財報變得過於悲觀。在一項影響深遠的研究中，諾貝爾經濟學獎得主理察・塞勒和韋納・狄邦特（Werner F. M. De Bondt）檢視 1926 年 1 月至 1982 年 12 月紐約證券交易所的所有普通股，他們計算每檔股票過去 3 年的表現，然後組合成 2 種投資組合：第一個是贏家組合，由過去 3 年表現最好的股票所組成；另一個則是輸家組合，由表現最差的股票所組成。然後他們計算這 2 個投資組合在接下來 3 年的績效表現。

輸家投資組合中的股票跌得更凶。每個被選進這個投資組合的股票，在過去 3 年可能有很糟的盈餘，或是從任何角度來看都讓投資人很失望。不管出現什麼消息，投資人都反應過度，這意味著它們的股價跌得太凶了。因為失去寵愛，加上投資人在底部賣出，使得它們的實質價值被壓低了。以同樣的方式，贏家投資組合裡的股票價格也被抬高了。在過去 3 年間，這些股票的盈餘或營收成長可能超過華爾街的預期。在那段期間，從眾的投資人過度推算公司的收益增加，把股價推升到超過合理水準。不過，我們怎麼知道投資人已經反應過度呢？

因為在每個投資組合形成後的 3 年內，由表現最差的股票組合而成的輸家投資組合，平均績效比大盤好 19.6%，而贏家

投資組合的表現則在這段期間比大盤差 5.0％，這意味著輸家投資組合的表現比贏家組合的表現平均高出 24.6％。

反應過度甚至會克服阻止我們賣出有點虧錢股票的處分效應，因為我們期望它們會反彈。表現最差的標的會最突出，在最差的標的中也表現最差，只有在所有股價反彈的期望都消失時，處分效應才會退場，過度反應才會開始。

問題不在於投資人對於所有數據的精心策畫分析反應過度，問題是他們對最新、最引人注意的數據會反應過度。儘管貝氏定理這樣的強大工具可以引導投資人了解反應的合理程度，不過我們現在知道貝葉斯提供的工具，與個別投資人對新聞或新數據的實際反應並不相符。

根據康納曼和特沃斯基的說法，發生這種情況是因為人們把極端事件（例如：剩餘的 4 家美國投資銀行中，其中一家要破產）視為很可能發生的事件，甚至是正常的事件，因為它們是近期、而且更容易取得的事件。只是因為這些事件是最近發生的，就讓投資人漸漸相信這些極端事件會代表所有可能的結果。很多偏誤會影響投資人，尤其是在股市動盪時期，投資人會相互感染，相互模仿。顯著性偏誤和現成偏誤是姊妹，從眾效應和反應過度是推動股價太高或太低的表親。展望理論和處分效應會在我們處理賺錢與虧錢標的時帶來不合邏輯的差異。

後見之明偏誤則助長過度自信，進而導致過度交易。

　　成功投資的關鍵包括持續謹慎的投資，即使在景氣不好的時候也是如此。要做到這一點的方法是了解偏誤的作用，它們不可避免會把你推到錯誤的方向，而且你在做決定時要考量到這些偏誤。

　　投資人在股市動盪期間很容易受到現成偏誤的影響，它們會讓你相信如果一家投資銀行倒閉，不久的未來另一家投資銀行也會倒閉，而且道瓊指數一天下跌 4.4％更接近實際上的正常情況。這會導致這些投資人開始相信更糟糕的事情更有可能會發生，但實際上，這種情況不太可能會發生。從 1896 年 5 月 26 日道瓊指數成立到 2021 年底，道瓊指數單日跌幅超過 4.4％的情況只出現 118 次，在所有交易日中只占 0.35％，平均 1 年發生不到 1 次。一般投資人會認為「昨天發生這件事，因此這是正常的事。」理性的投資人則會思考：「昨天發生這件事，但這並不代表長期趨勢，因此不要被誤導了。」

　　但偏偏，大多數投資人就是會被誤導。他們在股市表現強勁時買進股票，而且在股市表現疲軟時賣出股票，或根本不投資，儘管他們一直嘴硬地談到如何希望看到股價回檔，這樣就可以用更便宜的價錢買進好股票。在多頭市場（市場表現強勁時）和空頭市場（市場表現疲軟時）期間，投資人的活動有

多大的差異？一個衡量標準是股票基金在這些期間的資金淨流量。從 1960 年初到 2020 年底，每月資金淨流入的數量平均是現有資產的 0.20％，這是新投入資金減去賣出現有投資而流出的資金，它不是市場波動的函數。在多頭市場期間，儘管股價更高，投資人還是會**增加**買進數量，使這個數字增加到現有資產的 0.23％。如果投資人喜歡在相對昂貴的時候買進股票基金，有人可能會認為他們是在股票基金打折的時候買進。但是在這 61 年的空頭市場期間，股票基金平均每個月的資金淨流入不到 0.01％。價格強勁時的資金淨流入是價格疲軟時的 25 倍。整體來看，股市投資人會在價格高點時買進，在價格低時則會袖手旁觀，不做任何事。[18]

## 投資人不一定知道自己的績效表現

在雷曼兄弟倒閉後的幾個月裡，反應過度的投資人似乎是對的。從 2008 年 9 月至 2009 年 3 月 9 日股市觸底時，標準普爾 500 指數又跌了 42％。有一段時間，賣出股票的人很可能會自鳴得意，而沒有賣出股票的人則是後悔不已。

但是就像對基金的資金流入和從眾效應的研究表明，投資人不會在高點賣出股票，也不會在低點買進股票。相反的，他們會在下跌的過程中賣出股票，並在低點繼續跟隨著大眾賣出

股票，然後在市場反彈之前不會買回已經賣出的股票。

　　以美國股票基金的每月數據來觀察，投資人在 2008 年下半年是股票基金的淨賣家，在 2009 年 1 月則是小額的淨買家，到了 2009 年 2 月和 3 月只是因為市場正在觸底，因此再一次成為賣家。其中一些投資人會在 3 月 9 日以最低點賣出，但是重要的問題也許是，他們什麼時候會買回來？我們知道，整體來說，他們在那一年並沒有買回基金，因為可以看到 2009 年國內股票基金和廣基型指數股票型基金（broad-based exchange-traded funds）全都是淨賣出。

　　2009 年結束時，標準普爾 500 指數全年漲了超過 23％。因此，在 2 月或 3 月賣出股票的投資人錯過一次強大的反彈。他們反應過度，並加入群眾的行列，因為有時身為群體的一分子所得到的安全承諾，比賺錢更吸引人。還記得 10 幾歲時為了要成為群體的一分子而做出一些蠢事的人，都會懂這一點。

　　由於標準普爾 500 指數在 2009 年上漲 23％，在 2009 年 12 月 31 日的收盤價只比雷曼兄弟破產那天的收盤價低 6.5％，整整 15 個月，股市只是一次大幅的股價來回而已。

　　即使在股市沒有理性的時候，它還是非常有效率。偏誤對我們不利，因為我們是人。我們如果正確投資，就不會進行太多交易，因而無法透過反覆操作而學習。投資人會吸收錯誤的

教訓，因為自身的偏誤會偽裝成符合邏輯的做法：處分效應似乎可以視為要約束我們的貪婪，代表性則偽裝成實證證據，從眾似乎是在利用動能，而後見之明偏誤則是在愚弄我們。

　　沒有經驗的投資人尚未學到東西的原因是，他們往往不知道自己過去的表現，也幾乎無法正確評估相較於大盤所承擔的風險。2007 年的一項研究詢問 215 位投資人過去 4 年的投資表現，然後拿這些投資人的投資組合實際表現跟他們回答的每個答案進行比較。根據這項研究的作者說法，這些投資人報告的表現與實際表現之間的相關性「跟 0 沒有差別」。換句話說，這些投資人不知道自己前 4 年的實際投資表現。毫不意外的是，他們往往會高估自己的表現，接受調查的投資人中，有 7 成的人認為自己獲得比實際更好的報酬。他們也認為自己的表現比其他人相對要好，這就像有些人認為自己更有可能擁有天才兒女，也不太可能成為暴力犯罪的受害者一樣。最後，這些投資人甚至對於準確評估自己過去的表現過度自信，讓他們更加相信自己的猜測是正確的。[19]

　　但是根本不是這樣。甚至只有 61% 的人知道自己是賺錢，還是虧錢，這個數字顯示他們的猜測和隨機猜測相比好不了多少。一般投資人高估自己的年報酬超過 11.6 個百分點，似乎有個特徵可以緩解這種自我欺騙，那就是投資經驗。擁有超過

5 年投資經驗的人在估計先前的投資報酬上表現比較好。而且就像我們知道的情況，了解自己的表現對於氣象學家、賽馬預測專家和投資人等每個人的學習都很重要。

　　雖然表現最好的投資人比較不常交易，而表現最糟的投資人往往交易很頻繁，但是執行交易的流程更能幫助這些測試對象成為更好的投資人，而不只是以投資人的角色荒廢歲月。2009 年一項研究回顧 1995 年至 2003 年芬蘭 130 萬名投資人所有的交易，結果令人震驚：如果一個交易者在這段期間有額外 100 萬筆交易的經驗，或是每個月多進行一次交易，他們的投資報酬每年會提高大約 0.33 個百分點，同時他們受到處分效應的影響也會減少。如果研究人員用來衡量的投資經驗標準改為投資人花費的時間，那麼這樣的績效改善就消失了。時間可以幫助投資人，但是只有學到特定的教訓才有用。執行才能學到其他教訓。

　　我們如何調和這個結果與過度交易會傷害報酬的數據呢？似乎有一種中間觀點，以及足以教育並吸引我們的一點點交易，就會很有成效，雖然那不是你預期的方法。這並不是說一點點交易就能教會我們各種類型的交易、分析一家公司和近期股價走勢的方法，或是股價反彈的方式。這項研究的作者反而寫道：「這表示我們記錄到的學習，主要發生在投資人了解到

自己能力的時候。」因此,隨著投資人了解自己的能力,包括
他們被偏誤影響的程度,他們就會成為更好的投資人,這是只
用參與投資的時間來衡量的經歷所無法比擬的。

## 審視自己的偏誤

　　股市在 2009 年 3 月 9 日觸底,標準普爾 500 指數收在
676.53 點,不到 2007 年上次高點的一半。那年結束則收在
1,115.10 點,反彈高達 23.5%,不過並沒有彌補 2008 年的跌幅。
股價完全回漲要到 2013 年 1 月,而且直到 2013 年 3 月,標準
普爾指數才再創新高。在 2009 年 2 月和 3 月跟隨群眾蜂擁賣
出股票的投資人還要花幾年時間才能回復元氣,然後再次進入
股市投資。

　　可能只有因為抵押品被查封而失去房屋的 1,000 萬美國
人,比 2009 年 2 月或 3 月拋售股票組合的投資人受到所謂的
大衰退影響更大。隨著房價下跌,他們失去任何資產,然後被
迫在價格最低點出售自己的房屋之前,就被抵押品的價值損耗
所吞噬,囚禁在這些損失之中。有些人因為從眾而買下無法負
擔的房子,很多人則受到房貸放款商的慫恿,這些房貸放款商
因為業內競爭而蜂擁進入次級房貸市場。他們被自己的過度自
信所鼓動,相信所有事情都會水到渠成。大型投資銀行進一步

## 標準普爾 500 指數走勢，2006 ～ 2010 年

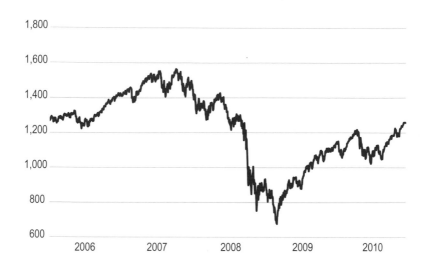

刺激房屋買家和放款商，他們認為房貸就像是一塊被扔進攪拌機的肉，這樣一來，不同層級與評等的不動產抵押貸款證券就會從另一端擠出來。這一切全都得到標準普爾和穆迪等評等公司的寬容，它們也跟隨群眾，相互競爭評等不動產抵押貸款證券這項高獲利的業務，讓法人能夠買進這樣的證券。因為很多沒有參與這項遊戲的人被解雇，泡沫因此產生。[20]

當我們面對困難的問題或訊息超載的時候，使用經驗法則和捷徑等捷思法似乎特別有幫助。這就是投資人在 2008 年到

2009 年前幾個月所面對的環境。但是捷思法從來都不應該提供「正確的」答案，而是一個「足夠好的」答案，才能消除資訊超載或排除大部分的困難。傾向去買進新聞中提到的股票；或是過度自信導致過度交易；或是因為過去如此鮮明，以至於現在似乎顯而易見的後見之明偏誤……當這些偏誤結合起來，投資人就會犯錯。但是在對股票、指數股票型基金或其他工具進行分析之後，投資人應該停頓一下，審視自己和投資決策。

這檔股票的本益比很吸引人，但我是否只是因為新聞報導而有興趣買進？

最近的股價走勢真的代表長期的股價走勢嗎？

我孤注一擲在單一標的，只是因為試著要攤平，還是因為正在尋求驚險的感官刺激而投機呢？

我是否過度自信，認為有能力選到一檔可以增進投資績效的股票？

我是否對一些沒有預期到的事件或戲劇性事件反應過度？

我對一檔股票的價值估計很嚴謹，沒有情緒，還是受到定錨效應的影響？

投資不一定很困難，但是如果我們與自己作對，就很難做

好。改善投資表現最好的做法，並不是檢視資產負債表或股價走勢圖，而是一點點的個人自省，尤其是在感到焦慮和市場波動的時候。

第 4 章

# 讓投資績效更好的清單

A CHECKLIST FOR BETTER
INVESTING

那麼現在該怎麼辦？

崩盤和空頭市場是不可避免的，兩個空頭市場之間最長的間隔不超過 11 年，這個紀錄是從 2009 年 3 月開始，到 2020 年 2 月由新冠肺炎引發非常短暫、但非常險惡的空頭市場。最短的間隔則是從 1966 年 9 月到 1968 年 11 月。每個投資人幾乎肯定會經歷過幾次空頭市場。

股市崩盤的定義是很主觀的，因此這個數字也許可以公開討論，但是在同個時期（1966 ～ 2020 年），美國的股市至少崩盤 3 次：1987 年 10 月有一天跌了 22％，2008 年到 2009 年跌到 50％以上，還有 2020 年在一個月內下跌 33％，這 3 次崩盤肯定符合條件。在這樣的股市動盪中，最好的做法是深呼吸，然後接受一般認為與醫學實務相關的格言：「首先，不要受傷。」不論我們經歷過某些市場動盪引發的痛心、失眠多久，有一件事依然不變：在下一次股市崩盤期間，會讓你的投資組合出問題的最危險因素很可能是你。

本書的前 3 章聚焦在讓你變得如此危險的行為偏誤。了解這些行為偏誤是身為投資人釋放出最好自我的關鍵。這一章重要的是，要為焦慮的投資人總結一份清單，這是這些心理偏誤的進修課程，用來幫助你思考自己的心態，並克服偏誤。

但在說明之前，我們先來回答兩個基本問題，因為你必須

在自己的工具箱中找到答案，來配合新發現的心理優勢。

第一個問題是：談到股市的時候，「正常」是什麼？

第二個問題是：當股市表現**異常**時，哪些資產類型可能會有最好的表現？

到目前為止，本書探討的內容很有意思：已經知道世界上最聰明的人可能會多愚蠢，也認識到一些聰明的網路創業家重新包裝狗食這種平凡的事物，然後在一般人爭先恐後參與公司首次公開募股的風潮中賣掉公司。也看到兩個 23 歲的年輕人如何的狡詐、詭計多端，犯下了重罪。還了解到面對房地產和銀行市場當眾倒台，投資人如何依然對股市保持樂觀？剩下來要做的事情並不難，你要與一大堆行為偏誤對抗，但是現在你已經了解其中一些偏誤，因此可以開發一些工具來克服。

## 什麼是正常情況？

只是因為最近曾發生，並不代表就是正常情況。實際上，如果你能記住發生什麼事——你很容易回想起來的事，這件事就可能是不正常的。這樣的例子比比皆是，而且通常會從「我永遠忘不了那天我在哪裡……」開始說起。不論你的記憶力有

多麼清晰，如果股市中發生的任何事都充滿戲劇性，那麼幾乎肯定是不正常的情況。所以究竟什麼是正常情況？我們來尋找一下，因為擬定計畫是為了正常情況，而非令人難忘的事，才是最好的方法。

就像第 3 章提到，從 1896 年 5 月 26 日星期二道瓊指數推出，到 2020 年 12 月 31 日星期四，總共有 33,825 個交易日，其中絕大多數的日子（52.4％）平均收盤價是上漲，下跌的日子則有 47％。每年平均有 1.5 天（0.6％）會看到以平盤做收。上漲的交易日數量比下跌的交易日數量一年平均多出 13.5 天，而下跌的交易日平均每天的跌幅為 0.74％，比上漲的交易日平均每天的漲幅 0.72％略多一些。（關於本節中所有與道瓊指數和標準普爾 500 指數的數據有個重要的說明：除非另有說明，不然這些數據都忽略股息。這是標準做法，因為考量到股息的歷史指數數據是一項相當近期的創新。如果考量股息的話，道瓊指數和標準普爾指數的表現會更好。）

股市會波動、上漲之後接著下跌，而且一切都是隨機的，這些都很正常。它幾乎在每個面向都是隨機的。在 124 年的交易期間裡，股市在任何一天的表現，都無法為接下來的表現提供任何線索。這讓相信自己看到其他線索的人感到困惑，對根據動能來交易或投資的人而言，更是如此。對於跟隨群眾的人

來說，以近期股價走勢來推斷未來表現的代價高昂。不過怎麼知道今天發生的事並無法讓我們察覺明天可能發生的事，儘管這樣的假設明顯有邏輯可循？我們之所以知道，是因為道瓊指數一天的漲跌幅和隔天的漲跌幅在統計上的相關性只有微小的0.014，事實上是 0（一個系列的要素與其自身分別在不同時段的其他要素，兩者之間為互相關，稱為「自我相關」）。

相關性的可能範圍在 1.00 和 -1.00 之間。隨著兩個投入要素往相同方向移動，數字愈大，關係愈強。當它們往相反的方向移動時，數字愈小，關係愈強。數字接近 0，意味著兩個投入要素的變動並不相關。

相關性 0.014 代表兩個投入要素完全沒有關聯。每月報酬與每年報酬也一樣，上一個時期的報酬並不會告訴我們下個時期的報酬，就像輪盤先前轉到的結果一樣，不論轉到紅色或黑色、奇數或偶數，都不會告訴我們下一次輪盤可能轉到的結果。以近期報酬推算未來報酬是個錯誤。在泡沫時買進，過度自信地認為趨勢會持續，結果就買在高點了。你會成為群體的一部分，而且也許會讓你感覺很自在，但處境可能因此變得更糟，因為即使在近期歷史中最失控的市場，也就是 1999 年的納斯達克指數，因為上漲 85.6%，似乎散發出動能和相關性，不過關於當天與隔天走勢的相關性，這個統計指標數字也只有

0.003，這是一個微小的數字，代表沒有相關性。就算投資人肯定可以從股價走勢圖中看到動能，但也是幻影。

## 時間很重要

平均一年之中，上漲的天數比下跌的天數少 14 天，而且平均上漲幅度又稍微比下跌幅度大一些，投資人成功與失敗的差異似乎就在這個刀口上。

雖然沒有動能，但不代表股價不會隨著時日一久而上漲，但是這樣的上漲是每年一些上漲的日子累加而來的結果，而不是動能帶來的。

股市教我們最重要的一課是，持有期間愈長，投資人的勝算就愈大。從道瓊指數推出後，到 2020 年最後一個交易日，總共有 1,491 個月，其中有 870 個月是以上漲做收，占 58.4％；有 621 個月則以下跌做收，占 41.6％。因此，在典型的一年中，有 7 個月會出現上漲，而 5 個月會出現下跌。再者，我們看到道瓊指數的巨幅增長來自少數時期，每年只有兩個月。上漲時期的每月漲幅比下跌時期的每月跌幅來得稍微低一點，分別是 3.8％與 3.9％，因此再次看到平均跌幅會比平均漲幅來得大。

到 2020 年為止的 124 年間，道瓊指數有 82 年上漲，占

66.1％，而有 42 年下跌，占 33.9％。隨著期間拉得更長，上漲的機率變得更高，最終，上漲時的平均漲幅是 19.1％，比下跌時的平均跌幅 14.7％還來得大。

這是正常時的情況，但它也強調當對投資標的感到焦慮時，須記住的關鍵要素是：時間很重要。只有 52.4％的交易日是可以獲利的，但是有 58.4％的月份是可以獲利的，66.1％的年份是可以獲利的，以連續 3 年來看，有 73％是可獲利的，而且在道瓊指數創立以來，以連續 10 年來看，有 82.6％是可獲利的，其中上漲時的平均漲幅是 107.2％，下跌時的平均跌

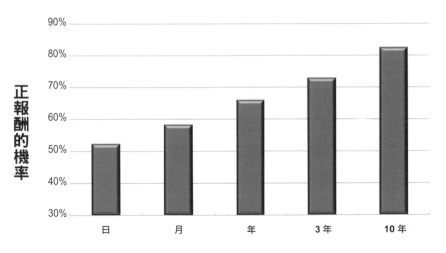

隨著時間範圍拉長，獲利的機率會增加

隨著時間拉長，任何時期的獲利機會都會提高。甚至從更長的時間範圍來看，淨損失往往也會看起來沒那麼嚴重。在2008年至2010年這3年間，包含最嚴重的大衰退時期（這是自大蕭條以來最嚴重的市場拉回），道瓊指數經歷12.7%的下跌。但這段時間的前後發生什麼事？從2005至2007年的3年間，道瓊指數上漲23％，而且2011至2013年飆升43.2％。這9年的年化報酬率是4.9％，不是太好，但考量這段期間還包含讓人吐血的崩盤，這個數字也沒有低於平均水準太多。表現最好的10年是1989年到1998年，當時道瓊指數上漲323.4％，而最糟的10年是1929至1938年，可以看到下跌48.4％。更長的時間範圍有助於報酬提高，即使在那段期間包含一段很難看的表現。

　　現在來談風險。風險是指為了獲得額外報酬所付出的代價，這是一段時間以後從股票中得到驚人成長所付出的代價，這讓人偶爾會經歷痛苦的崩盤。要在股市混亂中喘口氣的另一個原因，是要提醒自己這一點：風險通常對你有用處，可以幫助你創造額外的報酬。你不必為了承擔風險而激動，但你不能完全避開風險，也不應該試著避開風險。為什麼呢？因為相同的1美元投資在無風險的美國國庫券（10年期國庫券的價格會波動，不過在發行時買進並持有到到期的投資人，可以有效

的假設是零風險）所創造的報酬，將不到道瓊指數創造的報酬的一半。

你不應該試圖完全避開風險的另一個原因是，隨著時日一久，股票的報酬會超過應有的報酬。不只是股票報酬會高於債券報酬，甚至還會高於可用來解釋額外承擔比美國國庫券這種無風險利率還高的風險所提供的公平補償。道瓊指數如果忽略股息，每年平均的報酬率是 7.7％，同時期美國國庫券的每年平均報酬率是 5.1％。你會預期股票可以提供更高的報酬，因為投資股票也要承擔更多的風險，但是長期來看，股票的報酬比國庫券高很多，多到讓兩種商品的報酬差距變得無法解釋。追溯到 1896 年的每年股票風險溢酬（道瓊指數的年報酬與 10 年期國庫券年報酬的差距）是 2.6 個百分點，如果加上股息，還會增加更多風險溢酬。

為什麼股票的風險溢酬這麼大，使得道瓊指數從創立到現在所創造的報酬率超過美國國庫券的 2 倍？有幾個理論解釋這件事，不過沒有一個理論被認為是定論，但是有個非常合理的解釋顯然與損失趨避的癖好有關：損失帶來的不滿感受，比獲得同樣數量的獲利所帶來的愉悅感受還來得大。因為這個偏誤，當投資人藉著買進債券（在額外需求的影響下，現在讓價格上漲，並使接下來的報酬減少）與避開股票（在同樣的情

況下，現在讓價格下跌，並使接下來的報酬增加）來減少損失的可能性時，這是可以理解的。一旦我們承認損失趨避是真實的情況，而且會影響我們處理風險的方法，包括處理投資中固有的風險時，這一切都說得通了。但是就像行為經濟學家索羅摩・班納齊（Shlomo Benartzi）和理查・塞勒在 1993 年一篇學術論文〈短視的損失趨避與股票溢酬謎團〉中推論的那樣，這篇論文還假設投資人沒有利用會讓股市的虧損機率變得更小的長期時間範圍。他們反而會建構投資組合，而且還會定期建構，就好像他們的時間範圍（從現在到他們計畫用錢的期間）會比實際上的時間更短一樣。班納齊和塞勒稱這種時間範圍不一致為短視的損失趨避，因為我們厭惡損失，但是我們對於自己的時間範圍又短視看待。

在考量過往的股票風險溢酬下，兩人以幾種不同的方法檢視數據，而且在投資人建構自己的投資組合時，以逆向工程來推論投資人似乎關注的時間範圍。他們寫道：「我們得到的答案都在一年左右。」這意味身為某個群體的投資人，對於自己的投資標的，關注的是一年的時間範圍，這導致他們的投資組合只有很小一部分放在股票，而且留下更多現金，而且不去投資其他的標的。儘管投資股票不可否認會有優勢、投資更長的時間比投資一年更好，不過他們還是沒有考量未來實際必須使

用金錢的時間點，還是這樣做了。[1]

即使簡單觀察股票和債券的報酬也可以證明這點。自從道瓊指數推出以來，大盤每年平均的現金殖利率大約是 4.1％，加上道瓊指數每年平均報酬率 7.7％（請記住，這不包括股利），因此每年平均的總報酬率大約是 11.8％。回想一下，10 年期美國國庫券在同個期間的每年平均報酬率是 5.1％。如果我們記得麻省理工學院經濟學家保羅‧薩穆爾森提供給同事的擲硬幣賭注，並記得那項研究顯示，一般人需要 200 美元到250 美元的潛在報酬（2.0 倍到 2.5 倍）才會接受薩穆爾森的賭注，那麼一年股票的風險溢酬率在 2.31 倍非常合理。

所以現在該怎麼辦？不要在不適合的時間範圍內建立一個投資組合，或重新調整現有的投資組合權重。很容易理解到一個投資人會如何把自己的年報酬率視為分析和學習的起點。你的對帳單可能幫你做好計算，進出的間隔頻繁到似乎足以產生影響，但是沒有頻繁到足以看到有過度交易或追求感官刺激的傾向。但是你的投資組合不應該聚焦在年報酬，而是應該關注從現在到你用錢的時候的報酬。對於 30 歲的人來說，用錢的時間肯定不是 31 歲的時候。那麼我們應該怎麼做？

時間顯然是成功投資的一項關鍵，而且即使是更高的報酬也無法一直彌補錯失的時間。5％的複利持續 10 年所得到的報

酬，還是會比 10％的複利持續 5 年得到的報酬稍微高一點（分別是 62.9％與 61.0％）。永久投資，而且在你的實質時間範圍下持續投資，而不是在你任意得到的人為時間範圍下投資。

你也許有很強烈的衝動去相信一些投資人可以成功把握市場時機。在考量到花時間試圖打敗市場的所有努力與計算威力之後，現在似乎有人已經弄清楚了，有幾家避險基金看起來好像已經解決這個問題，但是它們有嚴格的能力限制，造成它們的策略只有在有限的資金之下才有效。此外，這些策略非常複雜，執行成本也相當高昂。

他們似乎還利用投資人的行為偏誤，而不是利用股市中一些根本的低效率。我們身為散戶，相信自己能夠打敗大盤的衝動也很強烈，但是過度自信、後見之明偏誤與我們期望成為這樣的人，助長了這個衝動。我們無法打敗大盤，能做的只有犯錯，確保自己無法得到歷史報酬水準而已。

最好的結果來自於去了解什麼是正常情況，而且隨著持有期間增加，績效表現會有顯著的改善。這有助於投資人了解該做什麼事（仰賴正常情況、持續的投資，以及計畫把持有期限延長），以及不做什麼事，這意味著如果虧損 20％會讓你有難以忍受的痛苦時，不要拿你肯定在隔年會用到的錢投資在股市上。

由於從股票賺得的報酬超過投資人應該承受的風險，正常情況並不代表肯定情況就是如此，但你確實有成功的優勢。

## 什麼投資做法有效？

分散投資是華爾街唯一的免費午餐。分散投資不只可以降低風險，而且在一段時間以後，實際上還會使報酬增加。不過，很多人寧可自己操盤，儘管這似乎看起來不合邏輯。

我們已經看到道瓊指數的報酬率比美國國庫券的報酬率還高，而且這種差異是國庫券提供短期安全性所導致的結果。因此，將成長較緩慢的國庫券加入模仿道瓊指數的投資組合中，似乎會拖累整個投資組合的表現。但是把兩個投資標的合起來的報酬率，甚至會比只有道瓊指數的表現還好。從道瓊指數成立以來至 2020 年底，將 1 美元投資在一個以 70％道瓊指數與 30％美國國庫券組成的投資組合中，會成長到 995.37 美元。這裡的重點在於分散投資，而不是精確的投資比例，如果將 1 美元投資在一個以 60％道瓊指數與 40％美國國庫券組成的投資組合，則會成長到 991.78 美元。

## 分散投資是關鍵：道瓊指數、10 年期美國國庫券，
## 以及 70％道瓊指數與 30％美國國庫券的投資組合報酬率

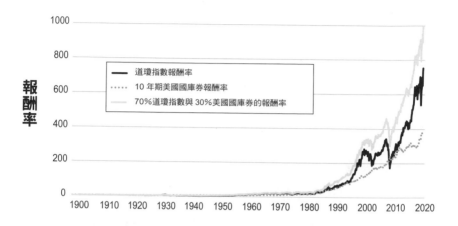

分散投資不僅可以產生更高的報酬，也能降低風險。光是道瓊指數的波動性，就會比一個以 60％股票與 40％美國國庫券組合而成的投資組合波動性高出 65％。學者認為這種波動性是衡量風險最好的方法。

|  | 道瓊<br>指數 | 標準<br>普爾 500<br>指數 | 羅素<br>2000<br>指數 | 10 年期<br>美國國<br>庫券 | 70%道瓊<br>指數與 30%<br>美國國庫券 | 房價 |
|---|---|---|---|---|---|---|
| 1998 年<br>以來的年化<br>報酬率 | 8.7% | 8.6% | 8.8% | 6.6% | 8.4% | 3.8% |
| 年化風險 | 14.4% | 14.5% | 19.1% | 6.1% | 9.9% | 2.2% |
| 平均每年<br>的夏普<br>指數 | 0.76 | 0.87 | 0.59 | 0.68 | 0.88 | 0.81 |

※ 注：夏普指數是用來衡量風險調整後的報酬，它衡量的是每一單位的風險會產生多少報酬，
所以數字愈高愈好。

## 哪些資產類型在空頭市場期間表現比較好？

在空頭市場期間，或是更常出現的市場動盪期間，大家總是會想要問：哪些資產的表現會比其他資產來得好？

在近期的 4 個空頭市場，我們有廣泛資產類別表現很好的數據，從 1990 年夏天起出現短暫且溫和的空頭市場開始，到 2000 年 3 月起持續時間更長的空頭市場、2007 年 10 月隨著房地產市場崩盤出現的恐怖衰退，以及 2020 年 2 月因為新冠病

毒來襲惡性但短暫影響美國的空頭市場。我要觀察的資產類型
包括：①美國最大的公司，以道瓊指數代表；②更廣泛的大型
股，也就是構成標準普爾 500 指數的大型股票；③構成羅素
2000 指數的小型股票，其中包括沒有列名前 1000 大的公司；
④10 年期國庫券，以及⑤房地產，以凱斯—席勒全美房價指
數（S&P/Case- Shiller US National Home Price index）代表。相較於投
資在其他資產，投資在房地產往往讓人頭痛（不是每個人都想成
為房東），但是由於房屋是大多數美國人擁有最大的單一資產，
因此我把房地產納入分析。我會探究這 5 個資產類型在上述 4
個近期空頭市場前與在那期間的表現。

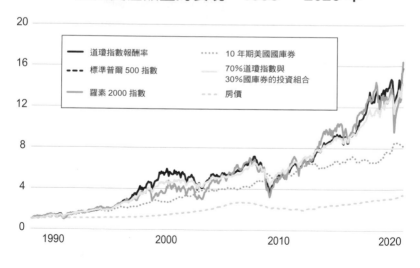

### 主要資產類型的表現，1998 ～ 2020 年

你可能會想知道其他奇特並缺乏流動性的資產類型表現如何，像是創投基金和避險基金。對一個擁有龐大投資組合、需要在主流投資標的以外曝險的法人來說，這些工具也許很重要，不過對散戶來說幾乎不重要。我們都聽過知名的運動員與藝人賺了一大筆錢，後來破產了，這種故事通常會包含大肆浪費的支出與奇怪、非流動性、高成本的投資，從來沒有包括有紀律地投資在以高品質股票、追蹤大盤、低成本的指數股票型基金為主的投資組合，以及分散投資的債券。現在就讓我們從中學到教訓。

## 1990 年：必須分散投資，才能在事情發生前做好應對

1990 年 8 月，伊拉克獨裁者海珊的軍隊入侵鄰國科威特時，美國人措手不及。美國人一直在估算他們的「和平紅利」有多少，這是指蘇聯處於瓦解過程中所省下的國防支出。美國沒開任何一槍就贏得冷戰，而且許多美國人認為，聯邦政府投入國防的大多數資金（光是 1988 年就超過 3,000 億美元）在未來 10 年可以留在自己的口袋裡。不過在 1990 年 8 月 2 日，伊拉克軍隊四個師，共 10 萬人（據說是世界上第四大的師），從南部邊境進入科威特這個士兵不到 2 萬人的小國。

伊拉克這幾個月以來一直在抱怨科威特偷竊石油，現在看來伊拉克已經準備好要解決他們的不滿。自從海珊不願撤軍的情勢明顯可見之後，美國的石油價格從 7 月的每桶 20 美元飆升至 9 月的 40 美元。美國老布希總統下令進行一個稱為「沙漠防禦」（Desert Shield）的軍事防禦行動，目的是確保伊拉克不會試圖入侵沙烏地阿拉伯。這項衝擊的結果是從 7 月開始出現一次短暫的空頭市場，時間只持續 3 個月。

　　道瓊指數在 1990 年 7 月中旬達到高點，而且如果在夏季中旬有關注股市的話，會發現這個月剩下的時間都以很熟悉的方法曲折起伏。但是當伊拉克入侵科威特的消息傳出之後，道瓊指數在接下來 3 天大跌 6.3%。到了 10 月，已經下跌21%。道瓊指數裡市值最大的股票往往被認為是法人最先賣出的股票，因為大家認為這些股票可以提供最大的流動性。正如預期的情況，標準普爾 500 指數也有類似的表現，儘管跌到最低點，標準普爾指數也才下跌 19.9%。

　　1991 年 1 月 16 日，在幾個月的外交交涉之後，海珊並沒有縮手，美國在中東的「沙漠防禦」變成「沙漠風暴」（Desert Storm）。伊拉克軍隊的規模再大，都無法忍受美國空軍無情轟炸 38 天。2 月 28 日，伊拉克從科威特撤軍，戰爭幾乎要結束。4 月 7 日，伊拉克溫馴的接受聯合國安理會決議的無情條款，

要求海珊放棄所有大規模毀滅性武器，並補償科威特在 7 個月被占領期間遭受到的損失，戰爭正式結束。隨著對持久的戰事與濫用化學武器的擔憂消退，道瓊指數在 9 個月內收復所有跌幅，標準普爾指數則花了 7 個月。

集結小型股的羅素 2000 指數在 1990 年空頭市場期間的走勢很糟，實際上它是在 1989 年 10 月達到高點，然後小幅滑落，直到 7 月才真正與其他股市一起崩盤。從 1989 年 10 月到 1991 年 10 月的空頭市場期間，羅素 2000 指數從高點到低點，總共下跌 34.3％。一般會認為，會影響像羅素 2000 指數成分股的小型股的因素，與影響道瓊指數和標準普爾指數的因素不同。它們很少受到國際貿易的影響，但是也被認為無法應對長期經濟衰退。減少貿易風險在 1990 年並沒有幫助，這顯示在很大的程度上，如果我們認為可以用特定資產來應對特定事件，其實是胡扯。小型股可以在一個投資組合中提供分散投資的效果，但是如果你只是買進吸引你注意的股票，那就沒有任何幫助。

分散投資的真正優勢體現在 10 年期國庫券的績效表現中，我們在這段時間一般會用來代表債券。在道瓊指數和標準普爾指數處於空頭市場期間，10 年期國庫券上漲 4.7%，因為投資人要為資金尋找安全的避風港。這就是分散投資的作用，雖然

分散投資會使投資組合的價值減少，但是由於國庫券的貢獻，減少的幅度會小於原來股市價值減少的幅度。道瓊指數本身長期以來已經有很大的漲幅，儘管在這一年中上漲天數只比下跌天數多 13.5 天，先略為回檔到前波高點，然後從那裡起漲。分散投資到一些固定收益工具，像是國庫券，只是在另一個面向做到這點。

房屋往往是投資人擁有最大的資產，不過它不應該被視為跟股票和債券一樣的投資。實際上，會擁有房屋有個簡單的原因，那就是你必須有地方可以住，不過另一個原因是房屋往往缺乏流動性，但房屋對投資人來說仍然很重要。房價在 1990 年 7 月達到高點，而且在 1991 年 3 月觸底，因為戰爭結果已經確定，而且伊拉克同意停火。在整個美國，房價下跌 3.1％，但是 1993 年 7 月房價又反彈回來了。

投資人可以從 1990 年短暫又小型的空頭市場中學到一些教訓。首先，無法知道什麼事件會引發拋售，而且也不保證會收到任何警告。你的投資組合必須分散投資，才能在事情發生前做好應對。第二是讓分散投資發揮作用。1990 年 7 月開始到 1990 年 10 月底結束的空頭市場期間，道瓊指數從高點下跌 21.2％。一個簡單分散投資在 70％道瓊指數與 30％國庫券的投資組合在那段時間只會虧損不到 15％，但更重要的是，它

會比只投資在股票上早兩個月漲回來。第三個教訓是不要讓投資組合的價值受到傷害。一旦投資人聽到伊拉克入侵科威特與美國可能會介入戰事的消息，他們就會擔憂很多事情。當油價加倍時，他們可能會覺得很不安，但這是沒事找事做的擔憂。不過那些因為得知消息而在心態上反應過度或忽略長期趨勢的人，在幾個月之後就會後悔。而且誰知道當股價漲回來時，他們最後會付出多大的代價。

## 主要資產類型的報酬率，1990 ～ 1991 年 11 月

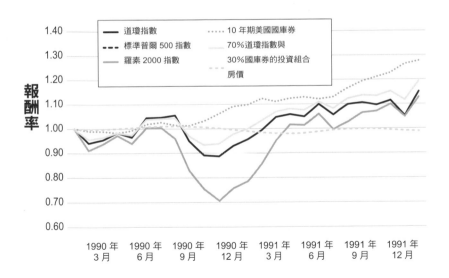

# 2000 年：為什麼分散投資會有效果？

2000 年開始的空頭市場一開始就是我們自己的錯。整體來看，每檔股票都上漲到無法持續的水準，尤其是網路股。標準普爾指數的本益比在 1999 年達到 32 倍以上，這是那時最高的水準。納斯達克指數則因為包含所有網路股，隨著群眾買下這些夢幻公司，本益比甚至高到更加讓人震驚。當股票開始回到現實時，溫和的下跌就變得像瀑布一樣重挫。

道瓊指數在 2000 年 1 月達到高點，比納斯達克指數和標準普爾 500 指數早 2 個月。2 年半後，道瓊指數損失 37.8％的市值，因為在 911 慘痛的打擊之後，下跌的速度又比最初更加快了。

包含股票更廣的標準普爾 500 指數在 2000 年 3 月達到高點，比納斯達克指數晚幾天，然後因為包含更多科技股和網路股，因此下跌得比道瓊指數更深，達到 49.1％。網路股從 1998 年開始納入標準普爾 500 指數，而且通常會取代「舊經濟」的股票，反映出美國經濟不斷改變的面貌。當美國線上在 1998 年 12 月加入標準普爾 500 指數時，取代的是先前為人熟知的沃爾沃斯超市（Woolworth）。而雅虎在前一年納入指數時，取代的則是萊德勞公司（Laidlaw Inc），這是一家技術水準明顯

很低的客運與校車公司。

羅素 2000 指數在 2000 年開始的空頭市場期間下跌46％，但是反彈更快，它在 2004 年 5 月創下歷史新高，而且在年底前股價都在這個水準之上。相較之下，標準普爾 500 指數直到 2007 年 5 月才回到 2000 年的高點，而在那時，羅素 2000 指數比 2000 年的高點高出 37％。這個教訓是說，分散投資是有效的，雖然為了簡單起見，我們只設定在持有道瓊指數和 10 年期國庫券，不過最好的分散投資計畫是聚焦在整個美國股市，而不只是像道瓊指數這樣最大型、最顯著的股票。

有趣的是，在 2000 年股市空頭期間，房價從沒有下跌。從 2000 年 3 月到年底，房價實際上還上漲 7.2％，因為聯準會計畫以低利率來幫助整個經濟體應對網路崩盤產生的影響。這使得房貸變得更容易負擔，即使在股市承受下跌壓力的時候，房價逆勢上漲，而且依然維持強勁走勢的情況並不罕見。

投資人在像 2000 年開始的空頭市場期間會尋求安全性，而且他們通常會轉向如國庫券般的標的。從 2000 年 1 月道瓊指數見到高點，到 2002 年 10 月見到底部，隨著聯準會大幅降低利率來應對每件事情的發生，以及放緩放款，投資在 10 年期的國庫券可以得到 39.3％的報酬。利率下跌會增加國庫券的價值，這就是為什麼分散投資會有效果。

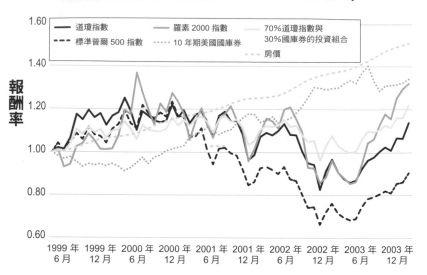

主要資產類型的報酬率，1999 ～ 2003 年

報酬率

| 道瓊指數 | 羅素 2000 指數 | 70%道瓊指數與 |
| 標準普爾 500 指數 | 10 年期美國國庫券 | 30%國庫券的投資組合 |
| | | 房價 |

1999 年 6 月　1999 年 12 月　2000 年 6 月　2000 年 12 月　2001 年 6 月　2001 年 12 月　2002 年 6 月　2002 年 12 月　2003 年 6 月　2003 年 12 月

# 2007 年：分散投資就像保險，必須在不需要之前先取得

　　世界各地的銀行都警告，房價的小幅下跌正嚴重破壞它們的獲利能力，而這個簡單的事實似乎是投資人在 2007 年夏天退出股市必須知道的所有事情。不過顯然情況不是這樣。一些避險基金經理人因為放空房地產市場而變得知名又富有，但是他們無法再次複製出這些結果。這一切都顯示，除了短期波動

和長期增值之外，並無法知道股市會發生什麼事，即使後來看起來情況是如此明顯。在承受壓力的時期，放緩焦慮的方法就是認識到這一點。

可以預見房地產市場會因為空頭市場而重創。從 2006 年 7 月的高點到 2012 年 2 月的低點，總共下跌 27.4％。對於歷史上波動比股市還低 85％的資產來說，這是難以置信的變動。這種差異很大一部分可能是在一個容易交易但便宜的股市，以及在一個因為交易困難又昂貴讓大多數人都不會出現積極交易的房地產市場中，追求感官刺激與反應過度的結果。

就像前文討論的，隨著銀行被拖累，房地產市場也帶動股市受到影響。在 2000 年股市的空頭市場和復甦之後，標準普爾 500 指數在 2007 年 5 月勉強成功創新高，然後在 10 月又創下另一次新高。在接下來的 17 個月裡，在一個無處躲藏的可怕市場中下跌 56.8％，而且只有 1930 年代的災難才會讓它看起來黯然失色。標準普爾 500 指數最終在 2013 年 3 月得以再創歷史新高，比之前的高點晚了 5 年多，但會有這個結果只是因為聯準會吸取教訓，在危機爆發時大幅降息，而且 7 年來保持短期利率實際上是 0 的狀態，才沒有產生最糟的情況。持有債券或把錢放在銀行戶頭的人得不到任何報酬，因此投資人能夠選擇的標的並不多。最終，他們集體睜一隻眼、閉一隻眼，

再次開始買進股票。通常這是正確的舉動，特別是當利率很低，而且預期持有期間很長的時候。

　　道瓊指數也遵循類似的路徑，它與標準普爾 500 指數在同一天達到高點，並在 17 個月後的同一天觸底。然而，道瓊指數的跌幅比標準普爾 500 指數稍微低一點，跌幅 53.8％，不過這樣的跌幅對開始厭倦虧錢的投資人來說並沒有太大的不同。

　　代表小型股的羅素 2000 指數比其他指數先站上高點。羅素 2000 指數在 2007 年 8 月達到高點，然後跌幅更重，與道瓊指數和標準普爾 500 指數同一天觸底，但是跌幅達到 55.9％。構成羅素 2000 指數的小型股票就像裙子的長度和龐克搖滾樂的歌詞一樣，隨著過度自信的投資人開始相信自己知道什麼會影響特定的股票，並以他們以為的精確情況自欺欺人，讓這些小型股一下子流行起來，接著又很快就過時。到了 2009 年，羅素 2000 指數的表現比標準普爾指數還糟一點，在 2000 年開始的空頭市場中，表現又稍微好一點。很顯然的，與股價指數代表的投資標的相比，更重要的是限制你的行為偏誤可能造成的損害。

　　分散投資就像保險，必須在不需要之前就先取得。債券價格在網路泡沫的空頭市場期間飆升，挽救許多分散風險投資人的績效。但是當房地產市場崩盤的時候，債券價格並沒有設法

恢復到一個更正常、更低的水準。這是不動產抵押貸款證券如此受歡迎的一個主要原因，它們支付的利息比國庫券多一點，但是國庫券仍然對分散風險的投資人有幫助。從股市的空頭市場開始到結束，10 年期國庫券的報酬率是 25.8％，而正如預期的情況，一個 70％股票與 30％債券投資組合的績效，在同個時期遠遠落後，但是在看到道瓊指數下跌 53.8％的期間，分散投資的投資組合只有虧損 33.8％，而且更快恢復。道瓊指數直到 2013 年 3 月才創新高，而分散投資的投資組合則在 2011 年 2 月就恢復，比道瓊指數提早 2 年多。

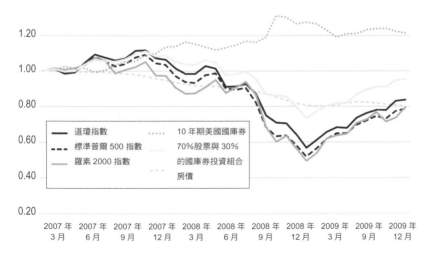

### 主要資產類型的績效表現，2007 ~ 2009 年

# 2020 年：分散投資的組合，
# 從大跌中漲回來的速度加快 1 個月

　　如果海珊在 1990 年啟動的空頭市場無法說服投資人相信災難不可能到來，那麼 2020 年的新冠肺炎危機應該可以達到目的。公共衛生的災難以驚人的速度展開。1 月 11 日報導中國出現首例死亡案例，9 天後，美國出現病例，而且僅僅在 3 天後，中國政府宣布對擁有超過 1,100 萬人口的整個武漢市封城。世界衛生組織在 1 月 30 日宣布這是公共衛生緊急事件，但是事情發生如此快，這種病毒引發的疾病直到 2 月 11 日才被命名，以至於投資人還不斷買進股票。第二天，也就是 2 月 12 日，道瓊指數再次創下收盤新高 29,551.42，那是高點。40 天後，道瓊指數收在 18,591.93，跌幅 37％。

　　標準普爾 500 指數碰到類似的拋售壓力，收盤的高點比道瓊指數晚一週，但是結果還是一樣。到 3 月 23 日標準普爾 500 指數觸底時，跌幅已經有 33.9％，只比道瓊指數少一點。標準普爾 500 指數也更快收復失土，在 8 月 18 日創下另一次新高，距離之前的高點只差了 6 個月，整件事令人討厭的地方在於股價在 6 個月內就從大跌中漲回來。分散投資在 70％股票和 30％國庫券組成的投資組合，從大跌中漲回來的速度則

加快一個月，部分是因為虧損最多時只有 12.6％。對於沒有受害的人而言，分散投資最終再次成為關鍵。

代表小型股的羅素 2000 指數再次比道瓊指數和標準普爾 500 指數更早創新高，羅素 2000 指數在 1 月 16 日達到高點 1,705.22，當 3 月 23 日觸底時（所有主要的股價指數都在同一天觸底），跌幅已經有 41.2％。很多人認為，在羅素 2000 指數裡的小型公司會更難在之後存活下來。

面對公共衛生緊急事件所導致的金融危機，聯準會採取行動。在 2 個月內把基準利率從 1.5％ 降至 0，這表明在萬不得已時放款人已經準備好提供幫助。毫不意外，當利率下降和金融市場出現動盪時，投資人會尋求他們能找到最安全的標的，那就是美國國庫券。從 2020 年 1 月底到股市觸底的 2020 年 3 月 23 日，10 年期國庫券上漲 4.8％。

2020 年 3 月空頭市場一個意想不到的部分是，大家期望在更好的家裡隔離。2020 年 2 月到那年年底，房價上漲 9.9％。這是自 2013 年房價短暫反彈以來，房價漲幅最大的 10 個月。不然，你得回到 2005 年房市泡沫的核心，才能找到更大的房價漲幅。

有些人後來發誓他們已經看到下跌要結束了，這些人中有很多人也會發誓反彈要來了。從 2 月 12 日的低點開始，道瓊

指數將在接下來 40 天上漲 27.6%，而且在 11 月中一路回檔。

## 若有保證投資會成功的靈丹妙藥，就太無聊了

　　有些讀者會很失望我沒有提供保證投資會成功的靈丹妙藥。他們想要尋找所有問題的答案。

### 主要資產類型的績效表現，2020 年

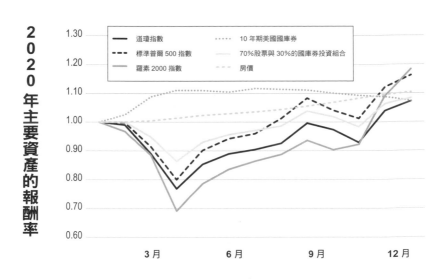

我希望，對於我們能夠回答最重要的問題，我已經提供解答。如果問題是「什麼是靈丹妙藥？哪種股票、基金或資產類型在未來 12 個月表現最好？」那麼你問了一個無法回答的問題。沒有人能準確回答這些問題，而且唯一相信自己可以這樣做的人，就是無論如何都無法理解這點而過度自信的人。解決這個問題的策略是要自問一些問題，像是「為什麼我要這樣做，是因為我檢查過行為偏誤嗎？」

我們已經在與實際市場行為相關的背景下檢查行為偏誤。下一節會以更像日常對話和好奇的口吻來研究每一個偏誤，包括我們還沒討論過的偏誤，藉此幫助讀者了解這些偏誤如何反映出自己的行為。藉由這種方式來看待偏誤，並提供額外的一些考慮因素，對於改變我們的行為就有所幫助。當偏誤威脅到你的投資流程並損害投資報酬時，這種互動的方法應該可以讓你更容易了解偏誤。

在某個程度上，如果有靈丹妙藥，就太無聊了。投資、持續投資、繼續持有。使用這些描述的工具來避免與行為癖好發生衝突，因為它們都不會對你的長期績效有所幫助。因此分散投資吧！

這個方法有趣的地方在於，它可以消除每天一直關注市場、與每個人相互討論、過度交易與過度思考而導致的浪費時

間、手忙腳亂與焦慮。你會在某個時間仰賴投資收益，做對事情很重要。焦慮的投資人意識到投資對他們的未來很重要，還意識到如果焦慮讓他們屈服於自己的弱點，而且停止投資，那就很可能會使情況變得更糟。之所以會焦慮不安，是因為投資很重要。然後他們就會藉著理解正確的路徑而平靜下來，並意識到遵循正確的道路，意味可以減少產生反作用的瘋狂行動。不只是做正確的事，還要做最好的事，就會讓心情平靜下來。

## 偏誤如何引你誤入歧途，<br>以及避免誤入歧途的工具

我已經檢視過一些會損害投資報酬、並在股市下跌時產生焦慮的行為偏誤。還在實際的泡沫和空頭市場的背景下檢視，不過即使是在市場平靜的時候，我們還是要對抗它們。接下來的清單會在更中性的背景下檢查這些偏誤，但是這也可以幫助你自問一些重要的問題，像是你何時會成為它們的獵物，以及你可以做什麼事來避免或減輕損害。

因為我們是人類，因此每個人都會呈現出一些偏誤，但是好的投資人會在偏誤讓你虧錢之前，學到如何在自然的環境下辨識出它們。平凡的投資人只會在事後回顧時才會學到如何去辨識它們，但是這樣做的人仍然會成為更好的投資人。糟糕的

投資人之所以績效不好，就是因為自身有偏誤，他們會過度自信，而且認為自己不需要改進。他們認為從眾和處分效應是合理的投資策略。他們會藉由建立一個以 1 年為期的投資組合來練習短視的損失偏誤，即使他們在幾十年後才會使用這筆錢。

當你感覺到有交易或改變投資組合的壓力時，就是檢查這些偏誤的時候。當你在早晨的陽光照耀下，就是自問以下這些問題的時候：你有這樣做嗎？什麼時間做？為什麼這樣做？然後在你做出重要財務決策或重新調整投資組合的時候，重新檢視這份清單。理想情況下，你會定期檢視這份清單，因為隨著你的成長，在這些偏誤中，有些偏誤會變得不那麼重要，不過其他偏誤也許會變得更重要。在重新檢視這份清單之後，你會成為一個更為自省的投資人，這意味著你會成為一個更好的投資人。

## 現狀偏誤

現狀偏誤是一種非理性的傾向，偏好維持現狀的選擇，即使其他選擇會讓自己過得更好。這種傾向會讓你在雇主年度招募期間選擇醫療照護計畫的時候受到影響，也會影響含糖飲料的行銷人員，讓他們忘記顧客其實更討厭改變，即便顧客更喜歡改變後那個更美味的蘇打汽水。

這讓人很容易相信現狀偏誤只是懶惰的問題，但是對很多人來說，這是不知道從哪裡開始的問題，以及沒有分析、了解和比較替代選項流程的問題。似乎這種比較從來都不是明顯直接的：一項保險計畫的自負額或自負額上限[譯注] 有些不同，而且每個差異應該會對保險成本產生一些可量化、精確可理解的影響，這讓人困惑，而且感到畏懼。你就是這樣的人嗎？如果你知道這項工作是什麼，你願意做這項工作嗎？我們會討論如何讓這項工作變得有價值，至少這可以適用在你的投資上。

最早對金融界的現狀偏誤現象進行的學術測試是詢問大學生，假設他們從叔叔那裡繼承到一筆意外之財，會如何拿這筆錢來投資？他們有 4 種選擇：其中 2 種是投資股市中不同的投資標的，一種是投資無風險的國庫券，最後一種則是投資免稅的地方政府債券。在第一個版本的測試中，4 種選擇是在平等的基礎上提出，而且會做為全新的建議。在第二個版本的測試中，則是讓不同群體各自把其中一種選項視為現狀。

在這 4 種選項中，無論哪個選項被視為現狀，測試對象總是會偏好現狀的選項。當免稅的地方政府債券是現狀的選項時，那麼有 47％的學生會選擇這個選項，即使免稅的地方政府債券幾乎不會是大學生正確的投資選擇。但是，堅持現狀的傾向是如此根深柢固，特別是當研究替代選項的心理成本很

高、或是替代選項之間的差異讓人困惑的時候，這就像拿繼承自叔叔的遺產來投資，或是比較醫療照護方案的時候一樣。如果你認為一個消費者需要做的唯一一件事是選擇一種品牌的汽水時，現狀偏誤會很嚴重，那麼你可以想像，當在暴跌的股市面對數千種投資選擇時，要克服現狀偏誤有多困難。[2]

身為投資人，現狀偏誤會讓人焦慮不安，讓你更難去執行正向的改變，像是對你的投資組合進行再平衡，這樣就可以適度的分散投資，或是得到投資虧損節稅。與這種影響相關的是展望理論，這個理論告訴我們，人們對存錢或改變投資組合來產生更好的報酬比較不感興趣，反而是對避免懲罰比較感興趣。我們可以利用這點來當作動機，去做必須要做的工作。

既然投資人的心態是個問題，那麼就讓我們學會欺騙你的心態。你的投資組合中，5％價值多少錢？合理來說，這個數字就是在我們利用分散投資、避免處分效應，在訊息超載下工作與避免從眾時，每年都會面臨風險的總數。對於總數 10 萬美元的投資組合而言，你先付給自己 5,000 美元，想像一下那一堆現金。花 1 小時來確定你的投資組合是否在避免從眾的低

譯注：自負額是指在保險公司理賠前，投保人自行負擔的金額；自負額上限則是投保人在一年內支付費用的最高金額。

成本工具下分散投資，你就可以避免因為怠惰、發懶或偏誤而付出 5,000 美元的附加代價。

## 處分效應

雖然我們討論過的行為偏誤都沒有辦法改善長期投資報酬，不過處分效應似乎是最有可能改善長期投資報酬的偏誤。就像你現在已經知道，處分效益是人類傾向藉由持有虧錢的標的，來讓後悔延遲出現，以及藉由銷售賺錢的標的，來激發大腦令人愉悅的化學物質。這似乎是一種避免貪婪的負面影響所產生的有紀律的反應，但這樣做並沒有效果。就像特倫斯·奧丁（Terrance Odean）教授已經證明，處分效應會使你賣出表現比替代標的還好的股票。屈服於處分效應的投資人通常會留下一個充滿虧損標的的投資組合，看起來就像是來自錯位玩具島（the Island of Misfit Toys）譯注 的收藏品。3

處分效應是如此難以避免，因為它會透過大腦的化學作用與其他行為問題來運作，包括展望理論、後悔趨避與自我控制。處分效應會促使你賣掉賺錢的股票，而從眾和過度推斷最近的績效表現，則會促使你使用這些收益去買進過去表現最好的標的，而不考慮它們的未來前景。

但你是否會因為討厭犯錯而屈服於處分效應？這很自然，

但是它忽略一項事實：如果你的投資失去基礎，那麼你就**已經出錯了**，意識到虧損並不會讓你產生更多錯誤。實際上，理解自己的虧損，並轉而投資另一個標的，很有可能會讓你錯得更少。投資最強大的要素是時間，而你正因為堅持無效的投資而浪費時間。如果你選擇不受其他股票或大盤走勢影響的股票，就更有可能出現這種情況。

　　這裡的工具是用不同的方法來建構投資組合：堅持投資廣基型的指數股票型基金，而非買進個別股票。這些基金既可以在單一證券上分散投資，還會提供難以置信的低成本。然後請記住，你要持續投資。你不要對現在正在發生的事情信以為真，不管這些事情看起來有多恐怖，都很正常，因為這會讓你在底部賣出股票。相反的，你要投資在正常的標的，而不是最讓人難忘的標的，而且繼續投資。如果你打算繼續投資在廣基型、低成本的指數股票型基金，你就不太可能受到處分效應的影響。畢竟，賣出賺錢的標的並沒有多大的意義。如果賣出那個標的，你還要買什麼標的呢？是買進另一檔廣基型、低成本的指數股票型基金嗎？那樣的話，賣出那個標的就沒有意義

譯注：錯位玩具島是一本童書，內容是有個錯位玩具島，所有不受歡迎的玩具都會被流放到那座島上，這裡用來形容不值得持有的投資標的。

了，這就是當我們說「不要受傷」時要做的第一步。

　　不過我們要如何調和這兩種似乎看起來完全矛盾的概念：了解處分效應，提醒自己應該賣出虧錢的股票，而不是賺錢的股票；而定量研究卻指出，虧損的標的往往會因為對下跌走勢反應過度而超跌，因此準備好超越過去三年表現最好的股票？

　　這是個複雜的問題。但是請記住，狄邦特和塞勒為輸家投資組合挑選的股票是在形成這個投資組合期間表現最差的股票。實際上，這些股票是表現最差的股票中最差的股票，而且標的並不多。它們之所以會在輸家投資組合裡，是因為投資人反應過度，並把它們的股價拉到低於基本面價值。在你的投資組合中的輸家，也就是你持有的那些股票，很有可能來自範圍更廣的股票，這些股票裡有表現平庸的輸家，而且還沒經歷過投資人的反應過度，導致股價被拉得更低的情況。它們不是表現最差的股票中最差的股票，但也沒有讓你賺到任何的錢。避免個別股票並專注投資在廣基型的資產類型，是減少對這兩種相互競爭的印象之間不一致的一種方法。[4]

## 後見之明偏誤

　　後見之明偏誤不是說「現在看來一切都很合理，我怎麼沒看到這種情況出現」的問題，而是自欺欺人地認為我們確實看

到這種情況出現，因為現在一切看來都是那麼明顯。當我們信以為真，我們就錯了。

回想 2020 年 3 月以來的大蕭條或短暫的空頭市場，你會只是因為現在看來如此深刻和難忘，因此自欺欺人地認為回到當時來看情況是如此明顯嗎？問題不只是你對過去的情況自欺欺人，就在你對過去的情況自欺欺人的時候，你就對於判斷未來情況的能力變得過度自信。席勒教授在 1987 年股市崩盤之後對投資人的調查證明，很多人確信自己已經預見崩盤即將到來，因為**回想起來**，一切都非常合理。到 1987 年 8 月，股市已經上漲超過 40％，而且很多人認為這種漲勢不會持續，只有最過度自信的人才會推斷出還有多少漲幅。到了 10 月，股市已經有些走弱，而且在崩盤前一週的波動非常大，道瓊指數在 10 月 16 日星期五下跌 108.35 點，創下當時的最大跌幅。回顧過去，10 月 19 日黑色星期一下跌 22％似乎明顯可以預見。這個故事是如此栩栩如生，因為情景是如此讓人印象深刻與激動，以至於許多人甚至會感受到身體出現反應。在席勒的調查中，回答問卷的 43.1％散戶提到，在崩盤期間與之後他們很難集中注意力，還有手心出汗、胸悶、脾氣暴躁，而且／或心跳加快的反應。

危險的是，後見之明偏誤在 1987 年說服很多投資人相信

自己可以預見下次崩盤即將到來。但是這也讓他們相信自己可以在下一次股價底部時買進股票，因為股市會從那個底部反彈。10 月 20 日上午，也就是崩盤後的第二天，某個時刻看起來盤勢很糟，那是底部。到席勒的受訪者收到調查問卷並填寫的時候，道瓊指數已經從黑色星期一的下跌中收復 40％的失土，在 10 月 19 日之後買進股票的人都是英雄。席勒調查的散戶中，有大約 3％實際上是在 10 月 19 日那天買進股票，有將近 30％的人說他們在幾天後買進股票，他們相信市場會反彈的「直覺」或「內心感受」。

過度自信奇怪的地方不只是它使我們相信自己會比現在變得更好，還在於我們能夠比實際情況更為精確的預見未來。不只是投資人相信能夠在接近高點的地方賣出股票，或是在接近低點的地方買進股票，他們還可以在絕對高點的地方賣出股票，或是在絕對低點的地方買進股票。這種過度自信的程度實在很瘋狂。

後見之明所產生過度自信很危險的另一個原因是，接下來發生事情的驅動因素並不是客觀的，就以股市而言，投資人甚至不會一致認為主觀的催化劑會發揮作用。在席勒 1987 年的調查中，有超過三分之二的散戶認為崩盤是「投資人心態」在發生作用，而不是「獲利或利率」等基本面指標在發揮作用，

這意味著過度自信不必衡量對盈餘公布或利率改變的反應，而是必須讀懂投資人的心理。祝你好運。

後見之明偏誤會欺騙你去承擔過多的風險，讓你感覺有自信去解讀即時的訊息，或是讀懂投資人的心態，然後在高點進入市場，或是在低點跳出市場。

戰勝後見之明偏誤的工具，是記住這些投資人是如何肯定自己預見 1987 年的崩盤與接下來的反彈，即便當時客觀分析他們實際的交易活動，證明情況正好相反。你應該還記得在 2007 年第一次公開宣布大型跨國銀行因為不動產抵押貸款證券陷入困境時，我們的股市才創下新高。沒有人知道股票會如何反應。你應該也記得在貝爾斯登的避險基金宣布破產 2 個多月後，高點才出現。投資人不知道該怎麼思考。而且你應該會記得在美林證券宣布因為不動產抵押貸款證券而虧損 55 億美元的 4 天之後，這個消息被摒棄了。

所以，一個工具是自問，下週股市會發生什麼事。如果後見之明偏誤讓我們相信自己應該能夠預測未來會發生什麼事，那麼問問自己下週如果發生什麼事，應該會讓我們擺脫這種想法。沒有辦法知道下週會發生什麼事，而且當我們向前看，而非往後回顧時，自己的過度自信應該就會消失，特別是如果重新檢視自己的預測，並根據準確性來為自己評分的時候。

另一個工具是記住，每天、每個月，或每年都沒有動能。一段時期的報酬和下一段期間的報酬之間沒有相關性。這意味著無論你的大腦多麼熱切的「錯誤記憶」要這樣做，都不可能抓到高點，或是知道股票即將會下跌。[5]

## 過度自信

由於傳統退休金的沒落，成功投資從沒有變得如此重要。這種改變，把產生投資績效的風險從雇主轉移到你身上。因為投資現在很重要，因此任何人都可能會過度自信的看法似乎很奇怪。投資人可以買進上千檔股票，可以投資的基金甚至比股票還多，年金等奇怪的產品又比基金還多。還有相互競爭的策略與分散投資計畫，加上一些術語與偶爾不必要的複雜性，任何人可能在投資上過度自信的想法實在讓人很驚訝。

投資人間的過度自信在很多層面上運作。過度自信會讓他們把過往的趨勢外推到未來，即使今天發生的事與明天發生的事沒有關聯。如果你這樣做，請記住，沒有一成不變的趨勢，而且過往的趨勢就只是過去，忽視這一點往往會助長泡沫，因為投資人會假設總是有更大的傻瓜願意付更多錢。

過度自信的投資人更有可能借錢或用保證金來投資。加州大學的奧丁教授發現，使用保證金的投資人往往會更頻繁交

易、更多投機操作（而不是投資），而且在選擇上漲的股票上表現很差。過度自信的投資人會承擔更多風險，這可能是因為他們並沒有適當的分散投資，或是因為他們被高風險股票所吸引。你是這種人嗎？保證金可以占有一席之地，但不應該成為投資策略的固定部分。一段時間之後，市場會提供穩健的報酬，而且保證金往往會迫使投資人（或者更準確的說，證券商會迫使你）在錯誤的時間做出錯誤的決定。不使用保證金的投資人可以在空頭市場中有餘裕的繼續投資，甚至買進更多股票。你願意成為哪一種投資人？由於股票正在下跌，而且你已經用盡保證金帳戶的上限，你是否正被保證金和迫使你降低風險的證券商所擺布？或是你沒用保證金，而且準備好利用保證金？無論如何，當我們對某個特定結果有強烈的渴望時（舉例來說，建立一個成功的退休投資組合），我們往往會更加過度自信，因為過度自信現在就在我們身上。

在所有行為癖好與偏誤之中，過度自信的傾向可能是最危險的。當一項任務很困難或很複雜時，人類往往會變得更加過度自信。沒有什麼事情比建造與經營一座核電廠更複雜的事業了，但我們還是對這項工作過度自信。[6]

日本是地球上最容易發生地震的地方之一，儘管如此，它也是最仰賴核能發電的國家之一。或是說，至少直到 2011 年

3 月 11 日下午 2:46 仙台市東方 129 公里的太平洋發生 9.0 地震為止。

　　福島第一核電廠位於仙台市南方 97 公里一塊露出地表的岩層上，俯瞰著大海，包括 6 個反應爐，是世界上最大的核電廠之一。日本所有核電廠都建在岩床上，因為它能夠抵抗地面加速度，地面加速度是地震期間造成核電廠結構損壞的左右晃動。儘管如此，仙台的地震還是導致第一核電廠的 6 座反應爐中，有 3 座超過最大的水平加速度設計限制。由於知道地震會引發海嘯，因此反應爐是在海平面上約 33 公尺的地方建造，這是對 1960 年智利發生的海嘯進行分析後，設計人員確信任何高於海平面上 3 公尺的地方都很安全（這個要求在 2002 年提高到 5.79 公尺）。可是 3 月 11 日襲擊福島的海嘯超過 15 公尺。

　　反應爐本身在地震中倖免於難，但是 6 個連到反應爐的外部電源被摧毀，諷刺的是，福島不得不仰賴柴油發電機來提供電力給安全設備。這些發電機位於發電廠建築物的地下室，其中裝有將過熱蒸氣轉換成電力的渦輪機。當第一次海嘯在 41 分鐘後襲擊而來，接著 8 分鐘後第二波海嘯來到，海水湧入地下室。同樣位於渦輪機所在的建築物地下室裡，柴油發電機和所有電器設備都被淹沒了。現在世界最大的一家核能發電廠在

廠內沒有外部電源,也沒有可用的內部緊急電源,這造成無法讓爐心保持冷卻。4 個小時後,第一反應爐的爐心開始受損,接著是第二反應爐和第三反應爐在 77 小時內受損。在爐心開始受損後不久,核電廠附近的海水測到具輻射性的銫含量超過正常水準 5,000 萬倍。福島永遠無法再發電,而且將放射性物質清理乾淨需要幾十年的時間。

福島第一核電廠的設計人員對於地震如何影響核電廠在各方面上都過度自信。他們甚至設法駁斥美國核能管理委員會的報告,這份報告警告因為地震造成電力損失與備用柴油發電機故障是「最有可能」造成核能事故的外部原因之一。

任何核電廠的建造都會讓人憂心忡忡,而且應該要迫使設計人員自問數百萬個問題:我們的估計是否正確?這棟建築物能承受水平作用力嗎?如果發生比智利更大的海嘯該怎麼辦?也許這些問題與其他數百萬個問題都已經被問過,而且有答案,但這種模式似乎是對了解最壞情境能力的一種過度自信,然後建造某種可能倖免於難的建築物。就好像設計人員從沒聽過莫非定律一樣。如果整個日本都對核電廠這樣具有潛在危險性的東西感到過度自信,那麼每個投資人都必須避免對於自己的投資組合過度自信。你是否往往會說市場上某種情形不可能發生呢?你太有自信了。[7]

## 現成偏誤

現成偏誤是在估計某件事發生的機率時，傾向使用最容易回憶起的事件，而非使用歷史機率或基準率等更為真實的分析。當試著估計某件事發生的可能性時，我們可能會回想過去發生這件事情的頻率，最生動的事件自然會先浮現腦海，並排擠掉什麼都沒發生時的情況。舉例來說，美國人高估死於飛機失事的機率，因為飛機失事往往很可怕，而且有新聞價值。但是從 2010 年至 2017 年，在定期商業航空的事故中，美國乘客的死亡人數是 0。在同一段時間，有 27 萬 5,662 人死於汽車事故，但這些事故並沒有被凸顯。你會陷入這個陷阱嗎？你能否開始自問：你正在考慮的是某種最引人注目的事情（飛機失事），還是某種最常見的事情（致命的車禍）？自問這個問題會是一個很好的開始。[8]

近因偏誤與現成偏誤相關。雖然最具戲劇性的事件往往會浮現腦海，但是最近的事件也會浮現腦海。這就是為什麼最近有朋友離婚的人，往往會高估全體人口離婚的頻率。這也是為什麼投資人會根據最近發生的事情做出投資決策，即使是道瓊指數大幅下跌，這 i 也是錯誤的方法。我們已經提過那些過度自信的投資人相信的事情（例如股市崩盤）是不可能發生的，而有些可能發生的事情（像是大盤有適當的年報酬率）肯定會

發生。

　　光譜的另一端是投資人讓現成偏誤使他們認為最極端的結果比實際情況更有可能發生。這些投資人的表現就好像崩盤永遠都即將到來，而且他們之中有一些人還是極為老練的選擇權交易員。奧列格・邦達連科（Oleg Bondarenko）教授在一項學術研究中強調，美國指數選擇權市場的重要部分是定價方法一致，這顯示每 16 個月就會發生一次如 1987 年 10 月黑色星期一那種規模的崩盤。[9] 我們已經討論投資人建構的投資組合往往就像是大約 1 年以後要用錢一樣，即使他們並不打算在幾十年內用到這筆錢，而且雖然他們似乎不相信崩盤就即將到來，但是這種自己決定與不適當的時間範圍，意味著他們之中有些人會比合理情況承擔較少的風險，而且產生較低的報酬。

　　投資人為什麼會這樣做？因為一般投資人可能不知道股市在平常日會發生什麼事，但幾乎每個人至少都會描述 2008 年、2000 年、1987 年或 1929 年時發生的事情。

　　克服這種傾向的工具是了解什麼事情是正常情況，而什麼事情是戲劇性與容易讓人回想起來的情況。我們已經看到從 1 天到 10 年的時間範圍中股市的正常情況。

　　身為投資人，你的工作就是記住，對成功而言，正常情況比引人注目的情況更重要。

## 損失趨避

　　損失趨避是人類對於損失不喜歡的程度大於對獲利喜歡程度的傾向。當相對較大的損失使我們對類似的後續損失更為敏感時，損失趨避是很合理的，因為接下來的損失會消耗我們更大比例的淨資產。但是當損失趨避讓我們避免去進行有利的賭注，像是如果我們擲硬幣擲到正確的那面可以得到 200 美元，擲到錯誤的那面就會虧 100 美元，那損失趨避就是不合理的。這種傾向有時會阻止投資人在很長的一段期間投資股票，或將投資組合中相當大的比例投資在股票上，儘管從歷史上來看，它們產生的報酬都可以彌補額外承擔的風險。當研究人員以實驗來量化這樣的影響時，他們發現損失的傷害程度，大約是因為獲利感覺心情很好的程度的 2 倍。再加上實際上過往道瓊指數有 47％的交易日下跌，而且下跌那個交易日的平均下跌幅度稍微比上漲交易日的平均上漲幅度還高，這很容易理解。你會掉入這個偏誤嗎？你是否忘記虧損是投資的一部分，而在足夠長的時間線上，勝利會站在你這邊？你是否忘記了，如果你一直把錢投入股市，舉例來說，透過每個月的 401(k) 退休金帳戶投入，那麼你可能會希望現在的股市變得更便宜。

　　克服損失趨避的工具是要你記住，你不是只投資一天，而

且隨著時間拉得更長，股市產生正報酬的機率會提高。我們已經學到隨著投資時間範圍的改變，機率會提高多少，但是請記住，如果投資人有相當長的時間可以投資，就沒有理由要遠離股市。

即使「投注者」需要得到 200 美元，才能接受有可能損失 100 美元的情況，歷史上美國股市只要持有期間至少 3 年，就能夠達到這種損失趨避比。自從道瓊指數推出以來，以 3 年的期間來看，如果出現上漲，平均報酬率是 37.1％，而如果出現下跌，那麼平均跌幅是 17.9％。就像我們先前討論過的，這並不包括股息，如果包括股息，會讓這個比例變得更有吸引力，因為即使沒有股息，3 年的損失趨避比是 2.07，對於大多數投資人而言應該已經足夠。[譯注] 如果用 5 年的時間範圍來看，損失趨避比則超過 3（平均漲幅是 59.1％，平均跌幅則是 19.6％），這應該滿足所有最損失趨避的人。而以 10 年的時間範圍來看，應該可以滿足所有人，因為顯示出的損失趨避比是 6.4（平均漲幅 107.2％，而平均跌幅是 16.7％）。

但是投資人心裡想要持有股票的時間，往往比實際持有的

譯注：這裡的損失趨避比計算方式是上漲時的平均漲幅，除以下跌時的平均跌幅，因此 37.1/17.9=2.07。

期間短得多，這會導致投資組合中避免持有股票，或是持有股票的比重過低，進而損害投資報酬。恐懼是可以理解的，有時他們會對我們有幫助，但是在我們建構與維護投資組合時，恐懼成為內含其中最重要的情緒時，就沒有什麼幫助了。

不只有對財務損失的恐懼才導致不合理的財務選擇，任何恐懼都可能降低一個人願意承擔財務風險的意願。在一項對財務風險承擔的研究中，4 個經濟學家要身為金融專業人員的測試對象在進行投資任務時，隨機接受電擊。所有參與者都會面對很高與很低的恐懼試驗。藉著告訴參與者在接下來的 3 次試驗中，他們會遭受到痛苦且隨機的電擊，建立很高的恐懼水準；在其他情況下，藉著向參與者解釋他們會收到「溫和而無痛」的電擊來建立低恐懼水準。當測試對象收到痛苦的電擊產生的恐懼時，他們會不願意承擔很多的財務風險，研究人員強調，影響承擔風險的不是實際上的震驚，而是預期性的恐懼。[10]

很少有美國人經歷到比生活在 1929 年股市崩盤和大蕭條的美國人更多的財務恐懼。道瓊指數從 1929 年開始連續 4 年下跌，從那年 9 月的高點到 1932 年 7 月的低點，跌幅 89.2％。如果你在 1896 年 5 月 26 日投資 1 美元在道瓊指數上，而且間隔 36 年不去碰它，當股票指數跌至 1932 年 7 月的最低點時，你會得到 0.75 美分。就業人數減少 2,000 萬，四分之一

的美國人失去工作。恐懼增加，也很持久，而且你肯定聽過這個故事。如果你夠老，你甚至會聽過祖父母的故事。即使在幾十年後，經歷過大蕭條的美國人也不太願意承擔財務風險。如果他們承擔任何風險，他們就不太可能承擔擁有股票的風險，而且如果他們確實擁有股票，股票占投資組合的比例也很小。對於在其他期間經歷過股市投資報酬率很低的人來說，最終也是如此，像是在 1970 年代初期，當時道瓊指數在讓人難熬的空頭市場中下跌超過 40％，有些人認為這次的空頭市場永遠不會結束。這就是 1980 年代初期股市終於起飛時，美國人在股市上投資不足的一個原因。

投資人會用大蕭條來反對一個構想，那就是你要投資，而且持續投資，而且要投資在可以理解的標的。只有過分自信的人才會說那麼大規模的股市崩盤是不可能發生的。確實有可能發生，但這是很少發生的情況。助長 1920 年代泡沫的以保證金為主的投資已經大幅縮減，美國證券交易委員會在 1934 年成立，目的是要從我們的股市中揪出最為濫用的策略，而且獲得很大程度的成功。最終，聯準會了解到如何回應股市崩盤，不過 1929 年並非如此，當時實際上是讓情況變得更糟。聯準會並不完美，但它在應對危機上比 1929 年要好得多。[11]

同樣的，只有過度自信的人才會說 1930 年代的情況不會

再次發生，但是考量到美國的股市自從 1890 年代以來已經成熟，1890 年代當時，恐慌和崩盤很常見，經過 1907、1929、1987、2000、2007 和 2020 年，在崩盤期間沒有投資在更高風險的標的上，但是其餘時間並沒有「**足夠**」的投資。

　　恐懼，包括包裝在損失趨避中的恐懼，都有一個合乎邏輯的成分。但是你會繼續投資在一個明智又分散投資的投資標的，你不會像賽馬場上的投注者一樣，當馬匹排隊參加當天最後一場比賽時，為了試圖把虧掉的錢贏回來而失去理智奮力一搏。長期投資會有效果，也不必在短期內發揮作用。10

## 從眾偏誤

　　當投資人感覺到恐懼或不確定時，他們往往會從眾，意味著他們會跟隨並模仿他們看到或聽到其他投資人正在做的事情。不幸的是，當投資人有信心的時候，他們也會從眾。這對他們來說很少是最好的選擇。如果一項投資理念與其他人分享，你會更有信心嗎？有沒有可能這意味著股價已經被其他人炒高了呢？而且你相信其他領域裡的人嗎？答案往往都是否定的，但是我們會跟在買進股票的群眾後面，因為這會讓我們感覺很安心。

　　許多人認為，我們傾向從眾是一種進化，因為擠在一起的

人比較不可能變成狩獵者的晚餐。但是同樣真實的是，僅僅成為群體的一部分就會改變你的世界，以及改變你看待世界的方式。在評估立體形狀的測驗中，改變答案的測試對象之所以跟隨群體行動，是因為已為這項測驗做好準備，包括讓測試對象互相介紹、讓他們參與友好的練習日，以及在他們的名字和照片旁邊顯示投票結果，而這改變他們的世界。這也許是說明僅僅成為群體的一員，就會改變你對世界的態度最明顯的例子。這沒有幫助，但會這樣是有原因的。如果處理資訊和得出自己的結論所需要的成本和時間變得比正常水準還高，那麼從眾的動機就會增加。回想一下高中時候，問自己是否只是因為還不夠成熟到可以做出自己的結論，而有跟隨群眾的時候。然後問問自己，你是否有時候也以同樣的方式深陷股市之中。

有些投資人試圖藉由一種稱為「動能投資」的投資策略，把從眾效應裝飾成一個合理的投資策略，他們彷彿借用物理學或牛頓永恆的 3 大運動定律。但正如我們看到的情況，股市沒有動能這樣的東西，股市不可能只是因為今天上漲，明天就會上漲。

隨著投資人跟隨群眾行動，他們往往會買進相同的股票，畢竟，從眾需要環顧四周，並模仿其他人正在做的事情。結果是某些迷因股票或迷因類股的價格遠高過它們未來價值估計的

基本面數字，會這樣只是因為你身旁的人買進這些股票。對數百萬不相信身旁的人推薦餐廳名單的美國人來說，跟隨身旁的人買股票似乎是很愚蠢的事。

除了買進其他人已經買進、而且把價格抬高的標的以外，從眾還限制我們看到其他從眾的成員做選擇時，理性反應的程度。當最初從眾的人後來證實是錯誤的時候，就像經常發生的情況，投資人很少會以離開來回應。在股市上漲的時候，從眾是很痛苦的，因為這些群眾付出更多錢，而在股市下跌的時候，從眾也很痛苦，因為反應受到限制。我們想要認為，投資人是創造自己的道路而意志堅強的人。很多時候，就像群眾所證明的，我們仍然更像是一群高中生。

凱因斯提到，在一定程度上，所有投資都與群體有關，這是因為許多投資人並不會試著選出最好的公司，而是會試著選出群體認為最好的公司。如果群體認為 XYZ 公司是最好的公司，那麼不管是否如此，他們都會買進該公司的股票，股價就會上漲。如果 ABC 公司實際上是最好的公司，意味著這家公司獲利最高，而且長期前景最看好，但是沒有人知道這家公司，那麼它的股價就不會變動，直到公司公布可觀的營收，足以讓一些投資人印象深刻去買股票。不過如果群眾仍然不知道這間公司，那麼股價就不會變動，直到下一次公布優異的財

報。好公司會在很長一短時間緩慢上漲，而受群眾喜愛的公司則會快速上漲，直到價格超過價值的幅度大到足以使股價反轉下跌。這就是為什麼傳奇投資人巴菲特會說，短期來看，股市是一台投票機（群眾會把投票箱投滿），而長期來看，則是一台體重計，意味著實際的價值未來會被發現。這兩種方法的差異（投票與秤重、或價格與價值）可能非常大。這也可能令人抓狂，因為一旦問題不再是「其他人會選擇什麼標的？」而變成「其他人認為其他人會選擇什麼標的？」的時候，你要在哪裡停下來？

　　凱因斯對群眾的介紹可能來自 1930 年代英國報紙上流行的一場競賽。隨著報紙刊登照片變得更為便宜，選美比賽逐漸成為一種熟悉的廣告噱頭。最初，獲勝者會由一群評審選出來，然後一些行銷人員理解到，吸引讀者參與會讓整個活動變得更為難忘。讀者會被要求選出的不是 6 張最美麗的臉蛋，而是 6 張他們認為與其他讀者的選擇最為接近的臉蛋。就像凱因斯寫到：「我們已經接觸到（這個問題的）第三個層級，在那裡，我們投入智慧去預測一般人心目中認為大家公認最漂亮的人是誰？」

　　雖然這種做法應用在股市最終會扭曲自我，但是它也會浪費投資人的時間，我們已經知道時間是一種很稀少的資源。但

是有些人覺得有必要這樣做，因為實際價值（最有吸引力的臉蛋或最有價值的公司）和公認的實際價值（大多數人認為大多數人認為最有吸引力的臉蛋）之間的差異可能很大。

為了量化這一點，美國全國公共廣播電台進行一個更新版的「選美比賽」實驗。有 12,000 人參與，每個參與者都會得到 3 張動物的照片，第一張照片是小貓，第二張照片是北極熊寶寶，第三張照片是懶猴，這是一個頭很小、眼睛很大、長相很奇特的靈長類動物。有一半的參與者被要求選擇他們認為最可愛的動物，另一半參與者則被要求選擇他們認為大多數參與者認為最可愛的動物。就好像上半年被要求挑最好的股票，而下半年則被要求挑他們認為其他參與者覺得最好的股票一樣。

一半的參與者選擇小貓是最可愛的動物，27％的參與者選擇懶猴，而有 23％選擇北極熊寶寶。我們可以將這些比例視為價值的實際衡量標準。但是在另一個版本的測試中，測試對象被問到他們認為其他人會選擇哪個動物，小貓得到 76％的票，懶猴得到 15％，而北極熊寶寶只得到 10％。（由於結果是用四捨五入計算，所以總和不會剛好是 100％。）我們可以把這些數字視為市場價格。當試圖猜測這群人的看法時，小貓的價格又高了一半，同時懶猴和北極熊的價格則大約是應有價格的一半，群體不太擅長讓價值與價格一致。

考量到與群眾意見不同會讓人情緒低落，而且可能真的會覺得不太安心，那麼投資人要如何抵抗從眾行為呢？習慣很強大，因為不需要思考太多。只要你可以把投資放在自動駕駛儀器上，就可以避免從眾行為。藉由遠離利基型的投資標的，或是迷因股票，轉而專注在廣基型的產品，你就可以在很大程度上避免從眾效應。

從眾效應確實會把整個股市帶到不應該到達的水準，就像 1920 年代、1980 年代和 1999 年的股市一樣。1630 年代的鬱金香球莖、1980 年代的黃金和白銀，以及前半年的房地產市場都是如此。但是你可以避開最熱門、最閃亮的股票或類股，長期來看會做得更好。

在這裡，如果有一點反省也很有幫助。你為什麼要買那個標的？為什麼現在要買進？為什麼不能等 30 天以後再買？回答這些問題，特別是在回答時如果還沒有耐心，可能就顯示你正在犯錯。再做一次，放輕鬆，因為從眾是很自然的情況。這可能對「我們是誰」與「我們過去如何生存」而言很重要，但是從眾不再是要抵禦想吃掉你的動物，相反的，它會讓沒有從眾、想賣出你想買標的、想買進你賣出標的的投資人，有機可乘，將你玩弄於股掌之上。有人說，股市是一種把財富從沒耐心的人手中轉移到耐心的人手中的機制。不要沒有耐心。[11]

# 反應過度

　　當時一直感覺很像正確的反應，很少是正確的。投資人會對近期的事件與戲劇性的事件反應過度。他們對短期或短暫的事件反應過度，並因此交易數十億股的股票，即使在沒有基本面消息的日子裡也是如此。他們在崩盤和恐慌期間反應過度，但受害最嚴重的股票最終還是在隨後的復甦期間表現最好。他們在更長的期間反應過度，就像狄邦特和塞勒教授將表現最好的和表現最糟的標的各組成一個投資組合，證明如果組成期間和持有期間都相當長的情況下，虧錢標的的投資組合，表現會比賺錢標的來得更好。投資人對於新聞消息、特別是壞消息反應過度，幾乎所有可以想像的方法和時間範圍內都是如此。問問自己，你對於讓人驚訝的消息有什麼反應？你是傾向相信行動比不行動更為合適嗎？這是你可能沒有意識到的重要偏誤。

　　一些心理學家說我們會反應過度，是因為在過去的環境中，反應過度的成本很低，當下反應不足可能會產生嚴重的後果。這種進化的印記很難關閉，即使它最終是錯誤的，而且代價經常很昂貴。這也是不合邏輯的，任何被近距離超車而極端憤怒的人在冷靜下來後，可能就會同意這個看法。

　　投資人對崩盤和空頭市場反應過度的一種常見方式是完全

停止投資。他們停止把錢放到投資帳戶上，因為不想要後悔看到今天買進的股票到了下個月虧損。（損失趨避在發揮作用！）我們在第 3 章看到這樣的證據，當時我詳細說明在多頭市場中，投資人投入傳統股票基金中的錢（每月占現有資產的 0.23％）比過去幾個月的錢還多（每月占現有資產的 0.20％），而且景氣不好時，他們真的會踩煞車（每月只會投入現有資產的 0.01％）。當華爾街處於空頭市場時，投資人幾乎會完全停止買進股票。你是這樣的人嗎？在股市相對平靜的時候，就是問問自己的時候。在股市處於其他情況的時候，就是提醒自己這個問題的答案時。投資人寧可在反彈期間支付更高的價格，並在價格較低的時候停止買進股票，這個想法就是他們反應過度並不合邏輯的第一個線索。

投資人反應過度的另一種方式是在底部賣出股票。在 2009 年的 12 個月中，持有股票基金的投資人有 6 個月的時間把資產撤出股市。他們在 3 月時撤出的資產最多，市場在那個月下跌到最低水準。他們撤出金額第二多的時間是在 2 月。換句話說，他們可能在最糟的時間賣出股票，而且這是因為反應過度和過度仰賴最新、最引人注意的消息所導致。你是這樣的人嗎？如果你在過去是這樣，那問問自己為什麼會陷入這個偏誤。寫下你的想法，把它放在市場下跌時可以找到的地方。重

讀你的想法，並吸收作為自己的教訓。

　　1987 年也存在同樣的反應過度模式。隨著道瓊指數在 1 月上漲 13.8％，2 月和 3 月上漲超過 3％，以及 6 月和 7 月都上漲超過 5％，投資人在那一年的前 9 個月都在加碼股票基金。那年前 8 月總共上漲 43.6％。不過隨著市場把漲幅吐回，投資人開始觀望，然後反應過度，在 10 月、11 月和 12 月撤出資金，不過只使資金低於那年開始時的水準，這包括在 10 月淨撤出超過 4％的資產，這是自 1950 年代以來一個月最大的淨撤出。那年上半年的報酬很顯著，但是最近的報酬並不正常，不過投資人還是買進股票；而在 10 月的負報酬也特別顯著，但不正常，不過投資人還是賣出股票。

　　雖然反應過度會損害報酬，但是散戶可以放心，因為這很常見，即使是專業交易員和分析師都會反應過度。狄邦特教授把專業股市分析師預測的預期變化描述為「過於極端到被認為是理性的」。就像他和同事理察‧塞勒在另一篇論文中發現，有大量證據顯示，專業分析師的預測像「天真的大學生」一樣「表現出相同的過度反應偏誤」。甚至有數據顯示，專業外匯交易員在預測外幣走勢時反應過度，而經濟學家在預測通貨膨脹、工業生產、建案動工與零售銷售等總體經濟變數時也會反應過度。

簡而言之，投資人往往會反應過度，這會造成他們在泡沫時買進股票，在崩盤和空頭市場賣出股票。你不必加入他們，我們並沒有全在市場上。

這就是「不造成傷害」發揮作用的地方。由於各種類型的投資人往往都會反應過度，或許最好的反應就是不做出反應。你會繼續定期投入資金到存款和退休金帳戶，因此，不做出反應意味著不會像得意忘形的人那樣毫無理由的交易。如果這意味著在泡沫中，沒有在定期投資計畫外增加額外的購買量，那麼恭喜你。如果這意味著不會像 1987 年 10 月、2009 年 2 月和 3 月的基金投資人那樣在底部賣出股票，那麼恭喜你。也許你會感覺應該要做某些事情，但情況往往是，對投資組合而言，最好的事情幾乎只有堅持到底，其他什麼事情都不做。[12]

## 投資的社會動力

沒有什麼比「投資很大程度上是一種社會活動」的說法更能完整反駁「每個投資人始終是理性」的觀點。從眾效應會發生，是因為投資的社會層面。看到並討論其他投資人正在做的事，所以我們也做那件事，即使我們懷疑他們做錯了。會產生處分效應的一個原因是，我們希望告訴別人自己賺錢的標的，或是避免必須告訴別人我們虧錢的標的。現成偏誤則會扭曲我

們的風險評估，因為我們聽到有事情發生，而我們在社交上聽到的事情往往都是最突出的事情，這意味著這些事情也最有衝擊力。

席勒教授更強調這點。在 1984 年發表的文章中，他提到：「投資在投機資產上是一種社交活動。投資人將大部分的閒暇時間都用來討論投資、閱讀投資，或是和其他人閒聊投資上的成功或失敗。」這會影響你實際上配置資金的方法嗎？回答這個問題是了解自己和改善投資表現最重要的步驟。

從某個程度來說，社交互動導致一個投資人聽到一檔他們不知道的股票或基金，或使他們學到新技術，那會是一件很棒的事。但是想想你最近在投資上的社交互動，自問這是否讓你學到知識，還是只是娛樂？可惜的是，我們在投資領域的社交互動很少真的有成效。

就像席勒接著強調：「因此，投資人的行為（以及投機型資產的價格）受到社交互動的影響就很合理。態度或流行似乎會在許多熱門話題中起伏，像食物、服飾、健康或政治等話題就是如此。這些在態度上的起伏往往會在人群中廣泛發生，而且往往沒有任何明顯符合邏輯的原因。與投資相關的態度或流行，也會針對一些廣為人知的事件，自發或在任意的社交互動中改變。」換句話說，當金錢涉入其中時，相信我們完全理性

並會進行全面分析是很瘋狂的看法。

席勒在 1984 年寫過「投資是種流行」的文章，但是在那 10 年間，他不是唯一把投資和流行拿來同等看待的人。1987 年，羅伯特‧普萊切特（Robert Prechter）在華爾街是一股勢力。他在 1971 年從耶魯大學畢業，獲得心理學學位，最初 4 年在一個搖滾樂團擔任鼓手。1975 年，他決定把自己的心理學訓練運用在股市上，在美林證券工作。

將注意力轉向投資之後，普萊切特偶然發現一本名不見經傳、但書名冠冕堂皇的書，那是 1946 年由拉爾夫‧尼爾森‧艾略特（Ralph Nelson Elliott）出版的《自然法則：宇宙的祕密》（*Nature's Law：The Secret of the Universe*）。艾略特是堪薩斯州馬里斯維爾一個身心障礙的前會計師。他假設股市在一段時間中以分形波（fractal waves）變動。普萊切特成為艾略特方法的信徒，而且逐漸相信股市不僅會波動，而且這些波動是受到廣大的社會趨勢所驅動，隨著全國人民的情緒在樂觀和悲觀之間搖擺。

到了 1979 年，普萊切特開始為自己工作，出版一份根據他的波浪理論所撰寫的一份投資通訊。他在聽到英國龐克樂團性手槍後首次聲名鵲起，並認為他們的世界末日歌詞，像是「沒有未來，沒有未來，沒有未來」「我是反基督者」，以及「英國的無政府狀態」都標示出美國人民情緒的低點，也是美國股

市的低點。普萊切特是對的，至少在股市的走向上是正確的。

　　普萊切特繼續搭上自己的浪潮，以一己之力成為名人。1987 年 5 月，《時人》雜誌介紹他，並向主流投資人介紹他對於情緒如何影響我們投資方法的理論。他告訴投資人，這一季的短裙對市場而言是「明顯的上漲趨勢」，並建議投資人買進股票。當被問到投資人閱讀《女裝日報》（*Women's Wear Daily*）是否會比《華爾街日報》更好時，普萊切特回答：「完全正確。」普萊切特後來轉而看空，而且在 10 月初口頭警告那個月的崩盤是導火線。13

　　我們很容易忽視「英國龐克搖滾樂團難以理解的歌詞或裙子長度可以察覺股市走向」的構想。這似乎並不是嚴肅的構想，也很牽強。但是席勒教授繼續研究，後來因為資產定價方法而得到諾貝爾經濟學獎，這並沒有什麼不嚴肅的地方。我們是人，我們所做的幾乎每一件事都具有社會性，包括時尚、體育、政治和投資都是如此。但是問問自己，社會動態是否會改變你的投資方法，或是投資的標的。如果其中一個答案是肯定的，那麼社會動態很可能會損害你的投資報酬。

## 幻想標的

　　股市不知道、也不在乎你擁有什麼投資標的。製造電腦、

手機和電動車的迷人公司充滿魅力的創辦人不知道、也不在乎你擁有什麼標的,而且買下這些東西並不會讓你變得更有趣,或是更有吸引力,就像是買一雙籃球鞋不會幫助你像童年時代的英雄一樣投進三分球。

但是對投資人來說,這是一個考量因素,因為每個人都想將心裡所想的事情轉移至其他地方,這意味著要離開我們日常工作的世界,即使只有做白日夢那麼短暫的期間。有些投資人開始被吸引,認為新的公司或技術將改變世界,而且他們樂於湊熱鬧。當這些投資人開始相信有個東西讓一間公司變得很特別,並影響到他們的時候,不論是哪種東西,真正的麻煩就開始產生了。你會這樣做嗎?你是否認為現在似乎有個東西讓少數公司變得很特別,因此擁有這些公司的股票會讓你變得更加特別?當這種情況發生的時候,投資人就應該檢視自己為何會推論到這一點的流程,因為過去有很多這樣例子,像是有一段時間,1919 年成立的美國無線電公司似乎是一家很神奇的公司,不過現在已經不存在,後來到了 1986 年被視為報廢品賣出。全錄、希爾斯百貨和柯達的故事也很相似。夢幻的公司成為失敗者,不過還是有些公司很幸運地存活下來。如果你擁有特斯拉、蘋果或 Google 的股票不是因為它們很賺錢,而且會把錢留給股東,而是因為其他原因,就要提醒自己這點。

大衛‧塔克特與理查‧塔夫勒教授提出「幻想標的」（phantastic objects）的概念，以及網路股和這些公司的創辦人如何成為吸引人與渴望的標的，導致一些投資人產生移情作用。他們提到，這發生在「可預測的情緒走向」上，而且這個過程會分階段展開，首先是對新產品或創新斷斷續續感到著迷，接著興奮感逐漸增加，然後感受到狂熱或亢奮，接著狂熱和亢奮達到高點，之後這個過程會移到恐慌，最後是責怪別人。[14]

對於一個對世界充滿好奇的投資人來說，找到讓人著迷的新產品和公司是很正常的事。你甚至可能會認為一家公司的創辦人是獨特的天才，正在開發一種將使我們的生活徹底轉變的商品，同時會為股東賺取巨額資金。那聽起來很像是一個精采的投資主題，投資人可能也會對前景感到興奮。但是當興奮轉為狂熱或亢奮，但是像是 1990 年代網路股流行期間，股市氛圍從興奮轉為狂熱或亢奮的時候，同樣一群好奇的投資人應該會懷疑自己的反應，小心翼翼地將自己的情緒宣洩在對幻想標的愛好，不再關心投資是否成功上。你是這樣的人嗎？

## 情感對投資人的影響

對大多數人而言，情感比情緒更為熟悉，但是有個重要的區別。情緒似乎會在兩個方向影響我們的行為：快樂會導致某

種反應，而悲傷則會導致不同的反應。情感是一種引發恐懼的現象，是一種我們不僅體驗到、也感受到的情緒。可惜的是，情感在另一個方向上不會發揮作用。

由於情感在感受層面發揮作用，所以你甚至沒有意識到它的影響。這表示你更容易仰賴由情感驅動的感受，而不是對機率加權的結果進行客觀的評估。一些研究人員已經指出，隨著複雜性和不確定性增加，感受成為決策的一項更重要的因素，就像在股市崩盤期間他們會做的事一樣。隨著複雜性和不確定性增加，你往往會決心從事一項任務，還是更有可能像大多數人一樣，有退縮的傾向？知道這點可以幫助你了解情感會如何影響你的投資決策。很少有喜歡模糊和複雜性的人，在大量服務中沒有提供模糊和複雜性的市場也很罕見。

我們已經討論過關於風險的判斷往往會在情緒的背景中產生，這就是為什麼正確的自我評估很重要的原因。我們知道如果風險對自己不利，很可能會有什麼感受，就像保羅·薩穆爾森的同事知道，如果他輸掉賭注會有什麼樣的感受，但同樣的，這樣的感受都是在事情發生之後才會產生。

情感最強大的影響發生在我們決定去承擔風險之前，而且它往往會決定我們是否願意承擔風險。由於現成偏誤，投資人往往受到負面的情感或情緒所影響。你會記得在讀到一個死於

白血病的學生的文章之後，是如何讓測試對象增加他們主觀預估死於完全不相關方式的可能性，像是因為飛機失事或雷擊的可能性。

有些類似的事情也發生在投資人身上。現成偏誤會導致老練的指數選擇權交易員增加對股市崩盤的主觀預測機率，而且指數選擇權市場有一部分是以定期定價的方式來顯示每 10 年會發生幾次股市崩盤。但是現成偏誤和情感甚至會使一般投資人認為股市崩盤發生的頻率是實際頻率的 10 倍。因為他們的信念是錯的，因此往往會在投資方式上做出不好的決策。

好的投資人不會過度交易，也不必花幾個小時來管理自己的投資組合。但是當他們坐下來配置資金或重新平衡自己的投資組合時，必須注意到自己的情感和情緒。如果對於風險的判斷並沒有保持情感中立，那麼意識到一些情緒是有幫助的。[15]

## 定錨

想像你正在尋找新房，而且找到喜歡的房子，它的售價是 60 萬美元，你的下一步會是什麼？你是否會出價 54 萬美元，比售價低 10％？還是你會出價 57 萬美元，比售價低 5％？還是你會出價其他金額？

當一些讀者自問會藉由談判殺價多少的時候，其他人則在

問一個不同的問題：這間房子**價值**多少錢？這個練習是定錨的一個例子。當你讀到 60 萬美元的時候，這個數字就成為一個定錨點，而且對一些讀者來說，下一步就是仰賴這個數字，即使他們無法知道這個數字是否重要。它可能不像康納曼和特沃斯基的測試中，詢問非洲國家占聯合國席次的比例那種隨機選取的數字那樣無關緊要，但是就像在那個測試一樣，售價只是尋找實際價值的唯一起點。老實說，你是否提出一些可以對賣方喊價的數字，或是你忽略那個定錨點，並問問自己那間房子價值多少錢？兩種做法都很好。實際上，如果在你腦海中浮現出一些數字，那可能是最有意義的，但是你必須記住自己有這樣的傾向，而且在投資時要考慮到這點。

定錨是在做決策時**不適當**的仰賴第一個可以取得、或最新資訊的心理偏誤。對很多投資人來說，在投資組合中一檔股票的定錨價格，就是他們支付的價格。雖然隨著時間經過，出現其他最新與最能獲得的價格，這種定錨點會逐漸消失，但是最很多股票來說，你支付的價格會變得甚至比現在的交易價格更為重要。

定錨和處分效應有關，因為購買價格是定錨價格；許多投資人看到自己的行動圍繞著這個價格徹底的改變。如果目前的價格高於這個定錨價格（一些研究人員稱這是參考價格），那

麼投資人也許會賣出股票來套住獲利，得到讓自己愉悅的驚喜。如果目前價格低於這個參考價格，投資人賣出股票並鎖住虧損的可能性就小很多。市場不會知道你為這檔股票付出多少錢，因此如果面對股價是 102 美元，一股賺到 2 美元的賺錢標的，而不是股價 98 美元，一股虧 2 美元的虧錢標的，為什麼你的反應會完全不同？

定錨定價格阻止投資人賣出虧損的標的，不是因為它顯示未來股價會上漲，而只是因為過去股價在下跌。就像很多偏誤一樣，定錨意味著投資人專注的不是一檔股票在未來可能做什麼，而是一檔股票已經做了什麼。這就像藉由觀察後照鏡來開車，而不是透過擋風玻璃來開車一樣。回顧過去是管理投資組合很可怕的方法，而且如果你能看到唯一的東西最讓你難忘，那麼這種效應還會加倍。

一段時間過後，購買價格會淡化為定錨的參考價格。那是誰取代它的位置？通常，新的參考價格是近期的價格、購買價格和無論出於何種原因讓人難忘的價格所做出的某種組合。但是投資人更新或更改參考價格的速度，取決於這檔股票購買以來是上漲還是下跌。如果股價是上漲，而不是下跌，那們投資人往往會很快地更新參考價格。這是處分效應的另一個回響，也是另一個版本的展望理論，因為人類在獲利時往往會風險趨

避，而在遭受損失時，往往會追求風險。

克服定錨效應的工具就是忘記你的購買價格，而且記住每
檔股票的價值只是市場在這個時刻的價值。你在 6 個月前或 2
年前支付的費用與多繳的稅無關。然後問問自己，根據對自己
有意義的時間範圍，你認為這檔股票未來的價值會到哪裡？為
什麼你認為未來會到那裡？要知道這點是不可能的，但是如果
其他投資人因為公司的財報表現令人失望，因而過度反應地拋
售股票，而你對此有確切的基本反應，那麼就繼續持有。不過
如果你的回答與股票的未來價值位置有關，那麼你的思考就沒
有成效。[16]

## 留心財務

我們希望投資人買到最好的股票。實際上，他們買到的是
吸引自己注意力的股票。藉由異常高的交易量，或是股價大幅
度的變動，股票就可以吸引投資人的注意力。它們之所以會吸
引投資人，只是因為它們有很古怪、擅長社群媒體的創辦人或
執行長。一檔股票可以引誘投資人的另一種方式，是變得很知
名，就像一些好萊塢名流一樣。有一種類型的股票做到這點，
它們被稱為「漂亮 50」（Nifty 50）。

漂亮 50 是 1960 年代和 1970 年代初一組大約 50 檔吸引華

爾街大部分注意力的知名股票，它們普遍被認為是最優秀、預期價值會成長的投資候選標的，因此投資人蜂擁買進，在財經電視節目出現之前的年代，它們往往是一般投資人唯一聽過的股票。

一家公司提供的東西必須包括一個吸引人的故事和成長潛力。不過漂亮50並沒有明確的股票名單，本身並不是一個指數，其中的公司橫跨各種產業，從零售業到科技業。常常被提到的公司甚至沒有一個廣泛的主軸。在這個族群中，全錄是一家科技公司，但是雅芳銷售化妝品，可口可樂製造汽水，有些公司製造工業化學用品或啤酒，還有製藥公司、銀行和零售商。此外，全錄並不是唯一的科技公司，因為IBM和德州儀器也是其中的成員。但是為家庭女裁縫師製作縫紉圖案的簡單圖案公司（Simplicity Pattern Company）也在其中。漂亮50的股票會被財經刊物報導，而且在談話轉向投資時會拿來討論。它們是引起投資人關注的股票。

這樣的關注，以及隨之而來的購買壓力，使得這些股票異常昂貴，往往只是因為它們是漂亮50的一員而為人所知，沒有其他的原因。在可口可樂播出創造奇蹟的「我想請全世界喝一杯可樂」廣告，而且在對新可樂進行災難性的實驗之前，它是漂亮50的一員。一些投資人認為它的銷售金額會大幅增加，

而且到了 1969 年底，它的本益比來到 36 倍，意味著股價已經是每年公司每股獲利的 36 倍，股息除以股價的股息殖利率只有 1.7％。當 10 年期美國國庫券的殖利率是 7.9％時，這樣的殖利率並不高，但可口可樂為人所知，所以投資人紛紛買進。

全錄是這個俱樂部的另一名成員，而且這可以理解，因為它是當時頂尖的科技公司之一。它在 1959 年推出第一台商用影印機，使先前沉寂的相紙製造商引起轟動。到了 1969 年底，本益比已經達到 42 倍，股息殖利率只有少少的 0.8％。

雅芳的本益比是 57 倍，比任何一間公司都昂貴。那麼它的股息殖利率呢？只有 1.2％。雅芳是 1886 年由大衛‧麥康諾（David McConnell）成立，他是挨家挨戶銷售圖書的書商，把化妝品和香水當成禮物送給女性顧客。最終，他意識到他的顧客對美容產品比對書還感興趣，並做出意料中的改變。麥康諾在 1896 年雇用第一位女性業務代表，也就是後來大家熟悉、受人歡迎的雅芳小姐，當時公司的名稱還是加州香水公司（California Perfume Company），1920 年代才改名為雅芳，取名的靈感來自莎士比亞的故居。[譯注]1969 年，公司年營業額將近 10

譯注：莎士比亞故居在英國中部的一個小鎮「雅芳河畔的特拉特福」（Stratford-upon-Avon）。

億美元，還是華爾街的寵兒，因為已經變得很出名而讓投資人熟知，而且股價高昂。

約翰迪爾公司（The John Deere Company）生產農具的時間比其他 3 家公司都長 50 年，它在 1963 年成為美國最大的農用設備與曳引機製造商，兩項產品都獲得巨額的獲利，而且遠遠領先競爭對手。它的股價也比可口可樂、全錄和雅芳便宜，因為它不屬於漂亮 50 的股票，因此沒有受到同樣的關注。約翰迪爾公司在 1969 年底的本益比是 12 倍，股息殖利率是 5.3％。約翰迪爾公司的股價比可口可樂便宜三分之二，與全錄和雅芳相比也一樣便宜。

一家公司通常會有很高的本益比，是因為投資人相信它會在未來幾年增加獲利，而且「成長」到華爾街賦予的評價。偶爾會發生這種情況，而且支付溢價的投資人會覺得自己的感覺被證實，但是支付溢價不會留下太多容錯的空間，而且這些股票通常會在空頭市場重挫。

投資人對公司可以增加獲利的期望消失，被要求支付高股價時樂意接受的投資人，對於之前得到的任何股票，現在變得願意賣。因此股價往往會超跌，但是超跌的根源在於最初受到關注而帶動的股價超漲。

1970 年對股市來說並不是特別好的一年，道瓊指數只上

漲 4.8％。對於在漂亮 50 裡的昂貴股票表現甚至更糟。可口可樂只上漲 3％，雅芳的表現稍微好一點，因為它上漲 3.2％。但是全錄下跌 18.2％。不受喜愛的約翰迪爾公司依然不被喜愛，在 1970 年下跌 4.9％。

接著是 1970 年代初期的空頭市場。1973 年到 1974 年第一次阿拉伯石油禁運，終結美國對這個地區地緣政治力量的幻想，我們在這 10 年開始之前並沒有給予太多關注。油價從一桶 3 美元漲到一桶 12 美元。一場政治醜聞導致首次有美國總統辭職。從 1969 年底至 1974 年底，道瓊指數下跌 23％。

最貴的股票跌幅甚至更大。從 1969 年底至 1974 年底，可口可樂下跌 35.6％、全錄下跌 51.3％，而雅芳下跌 66.5％，市值少了將近三分之二。

在這種廣泛下跌的行情中，幾乎每一檔股票都會下跌，但是股價合理的穩健企業，表現會比因為有名而為人所知的企業來得好。從 1969 年底到 1974 年底，約翰迪爾公司上漲 97.7％。

現在有這麼多財經媒體，你的注意力自然會被某些股票或基金所吸引。但是你必須問自己，你是如何開始察覺到目前正在考慮的投資標的。是對所有可替代的標的經過嚴格搜尋嗎？還是跟朋友交談（社交互動）的結果？或是因為你在電視或

網路上聽過，因為公司有個大動作，或是交易量很高。這不是一個有說服力的投資理由，實際上，當消息傳出來的時候，很可能就是應該要遠離的理由。你可能認為這是一個不公平的難題：如果我無法從朋友那裡聽到它們的消息、讀到關於它們的消息，或是在媒體上發現它們，那我要怎麼發覺投資機會？但是問問自己，以這些方式聽到的投資工具是否真的可以在你的投資組合中占有核心地位，或是它們是一個不重要的小標的，儘管占據你大部分的注意力，卻無法對你的投資報酬帶來真正的改變。[17]

## 短視損失趨避

短視損失趨避（myopic loss aversion）是多種因素結合產生的結果。第一個是人們對損失的厭惡比對獲利的喜好還多，這是眾所周知的傾向。第二是投資人查看投資表現的頻率與接下來將注意力過度專注在短期表現、而非適合投資人投資期間的傾向。最後的因素是單獨查看每項投資，而非檢視整個投資組合的傾向。問問自己，你是否很容易受到這些傾向影響，因為這些傾向結合起來，都會損害你的長期表現。

經常評估投資組合的投資人往往會更加厭惡風險，因此他們往往會對高風險的股票配置較少，而且對債券等低風險的投

資標的，或是現金等無風險資產有的配置較多。如果你確實把投資組合的投資期間與未來使用資金時間做好搭配，那麼比大多數投資人承擔較少的風險並沒有錯，但是如果你正在投資小小孩的大學基金，那麼一年的投資期間是不適當的。在很多方面，擊敗短期損失趨避的方法是設置好你的投資組合，並忘了它。如果投資帳戶餘額的變化導致你承擔不恰當的低風險，那麼只需要讓投資組合裡的錢以複利累積，不用評估價值是多少。你能做到這點嗎？如果做不到，請問問自己為什麼無法做到這件很適當、可能會帶來更好的報酬，而且更容易的事。你是等不及把水煮沸的人嗎？你是等不及把投資組合複利成長，而沒有採取任何行動的人嗎？為什麼？

　　一些投資人經歷到短視損失趨避的另一個理由是，他們往往會查看個別的投資標的，而不是整體的投資組合。沉迷於單一的虧損標的，儘管它是績效很好的投資組合中的其中一檔標的，但會導致不合邏輯的行為，而且通常會更加風險趨避。請記住，一檔投資組合的優勢在於提供分散投資，而且這週或這個月的單一標的績效表現無關緊要。你要長期投資，要像這樣行動。18

## 過度交易

　　傳統經濟學家會說，每天發生的交易量根本不合邏輯。在 2000 年到 2010 年，紐約證券交易所的股票平均年周轉率是 180％，意味著平均來說，股票每 7 個月就會換手一次。2008 年，周轉率是 282％，平均股票每 4 個月就換手一次。這是投機，不是投資。你是哪種人？是投機客，還是投資人？你應該要成為怎樣的人？

　　即使是 2010 年代市場恢復到更正常的環境之後，由於 2013 年至 2016 年的的周轉率盤旋在 160％，交易發生的頻率也比長期投資人認為明智的周轉率還高。

　　認真的長期投資人是否會有任何正當的理由在一年內更改投資組合兩次？不會。但是整體而言，這種情況會出現，因為有些投資人實際上是尋求刺激的賭徒，還有一些投資人則是過度自信，認為自己知道的事情比實際知道的事情還多，或是他們能夠揭開整個故事，因為他們認為自己在過去親眼目睹過。交易就像很多事情一樣，一點點就好，因為你必須建立一個投資組合，偶爾確保這個投資組合仍然適當的分散投資等等的事情。由於如果付出太多交易手續費會損害投資報酬，而且即使對於沒有付出手續費的人而言，買賣價差的成本可能也很高，

特別是如果一天要多次買賣大量股票的話。毫無疑問，你很少會用買進的報價來買進，或是賣出的報價來賣出。即使你掛限價單，通常只會在市場願意以那個價格賣出那檔股票的時候買到股票，而且只有當市場願意以那個價格買進股票的時候，才能賣出股票。

過度交易對一般投資人的傷害有多大？有一項研究根據1991 年至 1996 年美國家庭每月的股票周轉率分成 5 類，每一類包含 13,000 個家庭，而且在這段期間交易最多的那類，在扣除包括手續費等交易成本之後，每年賺到的平均報酬率是11.4％。交易最少那類，實際上可以說包含的是投資人，而不是投機客，賺到的報酬是 18.5％。交易較少的人每年會產生額外的 7.1 個百分點的報酬。順帶一提，在那段期間投資標準普爾 500 指數包含股利的平均年報酬是 18.4％。[19] 這些真正的投資人績效稍微打敗指數，過度交易者則大幅落後。你願意成為哪一種人？而你是哪一種人？

很難知道當涉及金錢時，我們是否會特別容易受到很多行為偏誤所影響。處分效應是大腦化學的一項功能，而且就像對成癮的研究證明的那樣，在這方面我們都不同。有些人可能會屈服於偏誤的影響，而且比其他人更容易受到情緒影響。但是更容易知道的是誰會過度交易，這樣的人往往是男性，尤其是

單身男性，因為他們往往最為過度自信，而這樣的自信是被高估的。

　　這裡的工具是不要進行任何不必要的交易，來執行你的分散投資計畫。沒錯，一點點額外的交易有助於抵擋資訊超載，而且這在最糟糕的時刻是有好處的。所以請繼續交易，但是要問自己為什麼要這樣做。要問這是因為激動，還是追求感官刺激。然後再次問問自己。承認是這個原因很好。實際上，承認是這個原因值得稱許。但是如果是這樣的話，那麼還不如去看恐怖電影，或是找最近的雲霄飛車去坐。

　　我們把投資視為一種社交活動，將更多注意力放在我們鄰居提到或新聞凸顯的東西，而不是我們自己學到的東西。結果是擁有最炫的股票，而不是最好的股票，讓我們留在投資分散不足的世界，而這個世界只有在用偏誤做出次等的決策背景才有意義。

　　關鍵在於問問自己，你是如何意識到這種機會，並查看它的基本收益酬率。然後告訴自己在一個月後要重新檢視這個機會，並在日曆上把那天標註起來。到那時，你可以重新檢視潛在的投資，但是並不是因為它目前很突出，而是因為它不再是酷炫的新標的。而且由於我們試圖要投資，而不是交易，所以30 天的等待期應該對你的長期報酬沒有什麼影響。實際上，

當你意識到 30 天前在腦海中發生的事情,而且轉向其他事情時,最終會產生正面的影響。

如果你仍無法讓自己去做這些事情,那就要了解現在是雇用專業人士來管理你的投資的時候。沒有人會說你不能這樣做,但是他們也無法免受偏誤的影響。

## 焦慮投資人的檢查清單

我們在這裡已經以一種新方式來檢視一些重要的行為偏誤,沒有特定的歷史背景可以將它們和我們的個人經歷區分開來。但是問問自己,你是否栽在這些行為偏誤上。問問你是如何得到投資構想,如何評估它們,如何與為什麼會執行這些構想,以及一旦將它們納入你的投資組合,你會如何管理。沒有人會評斷你的決策是好是壞,所以請誠實以對。然後為自己的進步和個人成長感到自豪。只要檢視你的行為方式和原因,你就已經成為一個更好的投資人。

投資是一項崇高的事業,你延後今天的享樂,來為自己和其他人提供更美好的未來。但是你自己也是投資成功的最大阻礙,不過這可以藉由內省和思考來補救。開始採取行動吧!

1940 年代,美國人,包括在德斯莫恩的楊克兄弟百貨公司購買戰爭債券的人,對於第二次世界大戰的發展感到焦慮。

如果股市似乎正要崩解，而且會拿走你的退休金或小孩的大學基金，你現在可能會很緊張。你的想像幾乎肯定會比現實情況還糟。有些人認為，在 2008 至 2009 年的大蕭條之後，他們的財務狀況將無法再恢復。但是如果對整件事情有點不安的話，其實沒有過度擴張信用去買房子或不受偏誤影響的人表現會更好。請記住，因為這是焦慮的投資人應該學習的教訓，所以先講邏輯，在這段期間堅持不變，之後你就會成功。

# 致 謝

當你坐下來感謝讓你的工作成為可能的人時，你就會了解到有多少人提供幫助，還有你仰賴多少人。

非常感謝 HarperCollins 的 Nick Amphlett 對於本書的構想提出最初的想法，他了解這個主題的內容最後會有多豐富，寫起來會多麼有趣。另外要深深感謝 Launch Books 經紀公司的 David Fugate 幫助這本書出版。沒有他，就永遠不會有這本書。大衛是很棒的測試對象，還提供必要的事實查核。

感謝 Joseph Davis，他是追蹤許多不存在和下市股票價格的絕佳資源。你可能會認為要找到一些網路泡沫下最失敗的股票價格是相對容易的事，但是我知道並不是這樣，就算 Joseph 讓這件事看起來很簡單。也謝謝 Michelle Mwangi 協助找到更多數據。

我很感謝 Hawthorne Strategy Group 裡許多精明人士提供的所有幫助，他們慷慨的提供創意與行銷支持。

寫這本書需要閱讀大量的學術論文，我常常很訝異有這麼多有成就與忙碌的教授很樂意回答問題與指教。很感謝他們願

意幫助專業領域的新手。這些特別慷慨的人包括：

加州大學柏克萊分校的 Terrance Odean 教授是世界上研究投資人過度自信的專家之一，還是親切提供資訊的出色學者。他的學術論文也非常好讀。

倫敦大學學院的 David Tuckett 教授和他的研究夥伴 Richard Taffler，對於幻想的關係對我們看待金融世界與選擇投資商品的影響，做了很好的研究。塔克特教授非常大方的幫助我們理解，投資人受新奇的產品和充滿魅力的創辦人所吸引時潛意識裡的心理問題。

明尼蘇達大學的 Andrew Odlyzko 教授是世界頂尖研究牛頓在南海公司泡沫中不幸遭遇的專家，他幫助我修正錯誤與誤解。有些同時期的資料很難找到或很難解讀，不過 Andrew Odlyzko 教授相當細心地尋找並解讀這些資料。

感謝猶他大學的 Mike Cooper 教授分享他列出利用網路泡沫更改公司名稱的公司名單。他與 Orlin Dimitrov 和 P. Raghavendra Rau 合著的論文〈玫瑰公司改成任何名字〉，[譯注] 對網路公司泡沫中的瘋狂行為有吸引人的見解。

感謝路透社的 Saqib Ahmed 追蹤一些最不起眼公司的股票價格，包括名字很奇特的紐約貝果交換公司的股價。

也謝謝美國投資公司協會的共同基金流量數據。

最後感謝所有閱讀各章並提供回饋的人。Pat 和 Mike Cafferata 數十年來一直是很親密的朋友，而且他們是第一個同意閱讀這本書的人，他們提供很多幫助。

　　Keith Colestock 也是我永遠的朋友，Keith 也是一個非常有成就的投資專業人士。他都會提出任何人都望塵莫及的重要想法。Mark Abssy 是另一位提供重要見解的金融專業人士，而且當我從重點轉向枝微末節的描述時，他毫不猶豫地點了出來。Bill Maher、Dennis DuPont 和 Rob Leonard 都提供有幫助的評論和想法，特別是 Bill，在某些地方出問題時會特別點出來，而且給我勇氣去刪除已經花幾週努力完成卻沒有幫助的篇章。Dennis 和 Rob 也很重要，當我們應當只要健行或打高爾夫球的時候，他們都願意在一週裡花很多時間談論這本書。

　　還有十幾個人願意提供時間閱讀，我很感謝。

　　當然，感謝 Wendi 即使在寫作很不順利的時候都容忍我。她是最好的合作夥伴，我非常幸運。

　　這本書如果有任何錯誤，都是我的錯。

譯注：改編自莎士比亞在《羅密歐與茱麗葉》的台詞：「玫瑰改成任何名字，都一樣芬芳。」（A Rose by Any Other Name Would Smell as Sweet）。

# 資料來源

道瓊指數和標準普爾 500 指數的收盤價來自標準普爾公司與道瓊公司。納斯達克指數的收盤價來自納斯達克公司。個別股票大多數的價格，尤其是不存在公司的股票價格，來自芝加哥大學的證券價格研究中心。其他資產類型的數據來自多種來源，包括耶魯大學。包含失業率數據與聯邦基金利率等總體經濟的數據，通常來自聖路易斯聯準會的 FRED 資料庫。

和大蕭條相關的文章真的太多了，以至於多到難以抉擇要列出哪些資料。關於網路泡沫的文章比較少，和南海公司泡沫相關的文章更少，不過對於感興趣的讀者來說，這幾個主題還是有很多文章。

## 前言　焦慮的投資人

1.　楊克兄弟百貨公司的故事和這家公司在第二次世界大戰的債爭債券發行中扮演的角色請見 "First the War, Then the Future: Younkers Department Store and the Projection of a Civic Image during World War II" which appeared in *The Annals of Iowa*, volume 73, Winter 2014。

2.　第二次世界大戰的成本估算來自 Congressional Research Service, "Costs of Major U.S. Wars" by Stephen Daggett, Specialist in Defense Policy and Budgets, June 29, 2010。

## 第 1 章　恐懼

### ◎ 南海泡沫

艾薩克‧牛頓一直是好幾本傳記的主題，儘管在一小部分學術圈裡對

於他的名字有些爭議，不過人們對他的生平有很多了解。像是 *Never Rest, A Biography of Isaac Newton by Richard Westfall* 就是其中一本傳記，這本傳記包含很多艾薩克那個時代的圖片。

有很多文章寫到南海公司泡沫。最早描述這個泡沫的是查爾斯‧麥凱（Charles Mackay）在 1841 年出版影響深遠的《異常流行幻象與群眾瘋狂》。知名經濟學家約翰‧肯恩斯‧高伯瑞（John Kenneth Galbraith）也在他的作品《金融狂熱簡史》（*A Short History of Financial Euphoria*）中寫到這個故事。Dale, Johnson, and Tang 在 "Financial Markets Can Go Mad: Evidence of Irrational Behavior During the South Sea Bubble," which appeared in the *Economic History Review*, LVIII, 2, (2005), pp. 233–271 具體描述公司的認股計畫。英國國家檔案館（The British National Archives）也有大量關於這次泡沫的資訊。安德魯‧奧德里茲科教授在研究認股協議和牛頓參與認股的所有層面上都是權威。他寫下大量關於這兩件事的文章，並透過電子郵件與本書作者分享他的洞見，以及對特定細節的了解，包括《飛行郵報》的文章。南海公司的歷史股價來自很多來源，包括耶魯大學管理學院、國際金融中心、南海泡沫1720計畫（South Sea Bubble 1720 Project）。

1. 在〈民數記〉26:55 可以找到舊約提到隨機抽籤分配土地的內容。彩券貸款的例子與討論其他彩券如何作為公眾福利籌措資金的工具可見 "Lottery Loans in the Eighteenth Century" by Francois R. Velde, the Federal Reserve Bank of Chicago, February 1, 2017。

2. 雖然「動物精神」這個詞曾在其他領域使用過，但是在經濟學領域第一次使用是在 1936 年約翰‧梅納德‧凱因斯出版的《就業、利息與貨幣通論》。

3. 關於投資人尋求感官刺激的文章很多。討論避險基金經理人出現這種現象的論文包括 "Sensation-Seeking Hedge Funds" by Brown, Lu, Ray, and Teo from September

2018。分析芬蘭駕駛的論文是 "Sensation Seeking, Overconfidence, and Trading Activity" by Grinblatt and Keloharju from March 2009。兩篇論文都發表在《金融期刊》（*The Journal of Finance*）上。

4. 台灣彩券發行的故事來自 *Handbook of the Economics of Finance*, chapter 22, "The Behavior of Individual Investors" by Barber and Odean，以及 *Taiwan Review*, "Lotto Fever," May 1, 2002。

5. 關於凱因斯「賭博本能」的引述來自他的著作《就業、利息與貨幣通論》的〈長期預期狀態〉那章中。

6. 關於 1720 年倫敦公眾咖啡館成為金融中心的資訊來自很多來源，包括 "Coffee Houses, the Press and Misinformation," Princeton University Press。這是「大多數公司的股價是多少」那句引言的資料來源。

7. *Devil Take the Hindmost—A History of Financial Speculation* by Edward Chancellor 討論到南海公司泡沫的故事，並在 67 頁描述認股活動的細節。安德魯・奧德里茲科提供牛頓行動的各種出版品，包括 "Newton's Financial Misadventures in the South Sea Bubble," which was published on November 13, 2017，以及 "Isaac Newton and the Perils of the Financial South Sea" which appeared in *Physics Today*, July 1, 2020。

8. 關於處分效應的資訊，包括大腦活動在內的資訊，請參考 "The Role of the Striatum in Social Behavior" by Baez-Mendoza and Schultz published in *Frontiers in Neuroscience*, December 10, 2013；關於如果一個投資人要避免處分效應，大腦的化學物質缺少讓我們感覺良好的神經元的詳細資訊，請參考 "The Psychology and Neuroscience of Financial Decision Making" by Frydman and Camerer, which appeared in *Trends in Cognitive Sciences*, September 2016, pp. 661–675。內文還提到的另一項研究是："Learning by Trading" by Seru, Shumway, and Stoffman. 對專業基金經理人的研究可以參考 "How the Disposition Effect and Momentum Impact Investment Professionals," which appeared in The Journal of *Investment Consulting*, Volume 8, Number 2, summer 2007。關於投資人在下跌的市場中屈服於處分效應，以及在隨後的復甦期間產生影響的資訊在 "The Disposition Effect in Boom and Bust Markets" by Barnard, Loos, and Weber, which was published in February 2021。關於處分效應的社會要素討論，包括身為社會網絡的一員，幾乎會使影響幅度增加一倍的討論請參考 "Peer Pressure: Social Interaction and the Disposition Effect" by Rawley Heimer of the Federal Reserve Bank of Cleveland。

9. 對於賣出賺錢標的與持有虧錢標的的量化研究描述可見 "Are Investors Reluctant to Realize Their Losses" by Terrance Odean, December 1997。日本投資人在 1984 年至 1989 年多頭市場期間的表現詳情請見 "The Behavior of Japanese Individual Investors

During Bull and Bear Markets" by Kim and Nofsinger。

10. 對於各種南海公司募資計畫的詳情可見 "Financial Markets Can Go Mad: Evidence of Irrational Behavior During the South Sea Bubble" by Dale, Johnson, and Tang, 2005，而且也是由奧德里茲科提供。

11. 關於南海公司深受歡迎而成為話題的引述來自很多來源，包括 Harvard University Library's exhibition "The South Sea Bubble, 1720"。

12. 利用南海公司狂熱而成立的「泡沫公司」，在 Carswell's *The South Sea Bubble*、Mackay's *Memoirs*，以及在 Chancellor's *Devil Take the Hindmost* 都有詳細討論。奧德里茲科在 "An Undertaking of Great Advantage, But Nobody to Know What It Is— Bubbles and Gullibility" in *Financial History*，Winter 2020 中討論最讓人震驚的內容。關於「上當的投資人」的引述請見 An Historical and Chronological Deduction of the Origin of Commerce," Volume III。

13. 牛頓買賣南海公司股票的具體情況請見 "Isaac Newton and the Perils of the Financial South Sea" by Odlyzko。在奧德里茲科寫給本書作者的電子郵件中提到，實際上，南海公司的總市值是大英帝國國內生產毛額的 5 倍。

14. 人類的過度自信已經被廣泛研究，而且在交易與投資的背景下有很多豐富的主題。關於過度自信第一個、也是最吸引人的學術研究是描述我們如何相信自己的駕駛水準高於一般人的平均水準。這個研究來自 "Are We All Less Risky and More Skillful Than Our Fellow Drivers" by Ola Svenson from 1981。一項專注在隨著年齡增長，過度自信變化的研究是 "The Development of the Illusion of Control and Sense of Agency in 7 to 12-Year-Old Children and Adults" by van Elk, Rutjens, and van der Pligt from 2015"。

15. 奧丁教授的論文 "Do Investors Trade Too Much" 描述導致過度交易的幾種過度自信。

16. 氣象學家和賽馬預測專家是發現自己的自信和實際能力會同步，或「相當吻合」的一些專業人員，這個結論來自 "Aspects of Investor Psychology" by Kahneman and Riepe。

17. 描述羅伯特・席勒教授在 1987 年股市崩盤之後立即對投資人進行調查的論文是 "Investor Behavior in the October 1987 Stock Market Crash: Survey Evidence" and was published by the National Bureau of Economic Research (NBER) as their working paper No. 2446。

18. 女性和男性在過度自信和投資方法上有差異的一些初步證據，請見 "Boys Will Be

Boys: Gender, Overconfidence, and Common Stock Investment" by Barber and Odean, *The Quarterly Journal of Economics*, February 2001。

19. 關於近期虧損的投資人所承擔的風險數量研究來自："Investor Behavior and Economic Cycles" by Beryl Chang。

20. 關於在一般知識測驗中回答問題的人過度自信，以及他們絕對肯定自己的答案正確、但錯誤機率是 16.9％的驚人研究，來自 "Knowing with Certainty: The Appropriateness of Extreme Confidence" by Fischoff, Slovic, and Lichtenstein in 1977。

21. 很多人都說過美國國際集團因為信用違約交換承受龐大虧損的故事，包括本書作者的前一本書 *A History of the United States in Five Crashes*。

22. 席勒對社群互動在內的「興趣感染」調查是 "Survey Evidence on Diffusion of Interest Among Institutional Investors" by Shiller and Pound, March 1986。

23. 保羅‧薩穆爾森提出擲硬幣的賭注，以及如何被拒絕的故事是在 "Risk and Uncertainty: A Fallacy of Large Numbers" by Paul Samuelson, 1963 提到。

24. 許多人研究過展望理論和損失趨避。關於展望理論最早的論文是 Kahneman and Tversky, "Prospect Theory: An Analysis of Decision Under Risk" which appeared in *Econometrica* in March 1979。

25. 從損失趨避變成尋求風險一直是大量研究的主題。理察‧塞勒教授在他的書《不當行為》的第 30 章討論到這點。關於賽馬場上的投注者多數投注在迎面不大的賭注，而且在一天結束時會變得更為追求風險的詳細資訊在 "Probability and Utility Estimates for Racetrack Bettors" by Mukhtar Ali in the *Journal of Political Economy*，以及 "Who Buys Lottery Stocks" by Larry Swedroe，還有 "An Examination of the Empirical Derivatives of the Favorite-Longshot Bias in Racetrack Betting" by Sobel and Raines。

26. 關於南海公司股票崩盤引發恐慌的引述來自 Applebee's *Original Weekly Journal*, October 1, 1720。

27. 關於後悔的介紹，包括導致行動的決定比不產生行動的決定更強烈，來自 "Investor Psychology and Asset Pricing" by David Hirschler, page 12。一些訴訟雙方為了避免後悔而選擇和解，而不是為了減少或消除風險的想法來自 "Better Settle Than Sorry: The Regret Aversion Theory of Litigation Behavior" by Chris Guthrie, Associate Professor Law, University of Missouri。

28. 對現狀偏誤的一個有趣分析請參考 "Status Quo Bias in Decision Making" by Samuelson and Zeckhauser, 1988。「新可樂」失敗的故事可以在可口可樂公司的網站（www.Coca-ColaCompany. com）上的公司歷史找到。

29. 關於紐約市的天氣和紐約證交所上市股票報酬間的相關性資訊，請參考 "Good Day Sunshine: Stock Returns and the Weather" by Hirschliefer and Shumway, 2003。關於俄亥俄州大學橄欖球隊贏球後彩券銷售的數據可參考 "The Role of Potential Loss in the Influence of Affect on Risk-Taking Behavior" by Arkes, Herren, and Isen。

## 第 2 章　非理性

### ◎ 網路泡沫

雖然有些人寫過南海泡沫的文章，不過跟網路泡沫和崩倒的文章相比數量上還是相形見絀。值得一提的綜合論述作品是 *dot.con, How America Lost Its Mind and Money in the Internet Era* by John Cassidy。

1. NEI 網路世界公司騙局的詳細資料包含在《洛杉磯時報》幾篇文章中，包括 1999 年 12 月 16 日瓦特‧漢彌爾頓（Walter Hamilton）發表的幾篇文章。CNN 也報導這個騙局與結果。1999 年 12 月 17 日《華爾街日報》的蕾貝卡‧巴克曼（Rebecca Buckman）則報導網路世界公司拉高後拋售股票的案子起訴，對股票來說是好消息的故事。

2. 網路誕生的故事已經被提過很多次。全球資訊網基金會在 https://webfoundation. org/about/vision/history-of-the-web 描述提姆‧伯納斯李扮演的角色。馬克‧安德森開發馬賽克網頁瀏覽器、搬到矽谷，並創立網景公司的故事請參考 Cassidy and in Jim Clark's autobiography, *Netscape Time*。《紐約時報》讚揚第一代瀏覽器的優點可見 1993 年 12 月 8 日的報導。關於雅虎、美國線上、eBay 和其他早期基於網頁為主的企業可以從很多資料來源中看到，包括 eBay 自己的網站。

3. 約翰‧洛克斐勒和標準石油公司的介紹請見 Ron Chernow, *Titan: The Life of John D. Rockefeller, Sr*。

4. 夢幻股票的概念和投資人如何移情的解釋來自大衛‧塔克特教授和理查‧塔夫勒教授合寫的論文。這些論文包括："Phantastic Objects and the Financial Market's Sense of Reality: A Psychoanalytic Contribution to the Understanding of Stock Market Instability"which was published in the *International Journal of Psychoanalysis* in

2008，以及 2005 年 3 月發表的 "A Psychoanalytic Interpretation of Dot.com Stock Valuations"。第二篇論文特別是說「投資人因為（網路泡沫的）戲劇性事件而變得情緒化。」塔克特教授很大方地透過電子郵件跟本書作者分享他的見解。在 "The Role of Transportation in the Persuasiveness of Public Narratives" by Melanie C. Green and Timothy C. Brock, which was published in the *Journal of Personality and Social Psychology*, 2000, Vol. 79, No. 5, pp. 701–721，專門討論移情作用的概念。

5. 關於「心占率」這個詞的資訊來自 Google Ngram of "Mindshare"as of May 2021。關於評價並不是有用工具的引言來自《紐約時報》對亨利·布拉吉（Henry Blodget）針對網路資本集團（Internet Capital Group）的採訪。這篇報導是由格雷琴·摩根森（Gretchen Morgenson）撰寫，在 2001 年 3 月 18 日刊登。

6. 關於美國線上 1998 年 11 月併購網景公司的詳細資訊可從彭博社、《華爾街日報》和 CNN 等各種媒體管道得知。

7. 關於早期網路公司的資訊可以從很多管道取得。關於 Kozmo.com 和星巴克之間的協議資訊，可以參考喬治·安德斯（George Anders）2000 年 2 月 14 日在《華爾街日報》描述這次交易的報導。Kozmo 的高階經理人對於透過網路來銷售的發言來自紀錄片 *E-Dreams*, at 1:09:31。

8. 關於 Pets.com 的詳細資訊隨處可見，包括 2000 年 3 月 5 日由艾琳·溫特羅布（Arlene Weintraub）在彭博社發表的一篇文章。關於襪子玩偶吉祥物的資訊可以從 2000 年 12 月 11 日的《廣告週刊》上取得。剛起步、而且最後破產的網路公司所推出的超級盃廣告可以在 YouTube 上觀看。

9. 有很多論文解釋近因偏誤的現象，包括 "The Behavior of Individual Investors," which appears in the *Handbook of the Economics of Finance*, chapter 22。關於「近鄉偏誤」（Home Bias）的文獻和投資人偏好不當的投資同業的公司，或是總部接近自己家鄉的公司，摘要可見 Hersh Shefrin on page 26 in "Behavioralizing Finance"which appeared in *Foundations and Trends in Finance*, Vol. 4, Nos. 1–2, 2009。

10. 成偏誤的討論請見 "Availability: A Heuristic for Judging Frequency and Probability"by Amos Tversky and Daniel Kahneman which appeared in *Cognitive Psychology*, 1973, 4, pp. 207–232。

11. 死亡數據來自疾病管制中心（Centers for Disease Control）。

12. 許多學術論文討論到「情感」，包括 "Affect, Media and Earthquakes: Determinants of Crash Beliefs from Investor Surveys" by Goetzmann, Kim, and Shiller, which was published December 8, 2017，以及 "Affect, Generalization, and the Perception of Risk"

by Johnson and Tversky, 1983。把風險視為一種感覺的調查可見 "Risk as Feelings" by Loewenstein, Hsee, Weber, and Welch, which appeared in the *Psychological Bulletin*, 2001, Vol. 127, No. 2, pp. 267–286。

13. Palm Pilot 和 3Com 把 Palm 分拆出去的故事可見 1999 年 9 月 10 日的《紐約時報》與 2000 年 3 月 3 日的《華爾街日報》。

14. ComputerLiteracy.com 改名的故事可見 1999 年 11 月 22 日刊登在《華爾街日報的文章 "Overhaul" by Peter Loftus。紐約貝果交換公司的股價數據來自 Refinitiv via their Datastream service。關於網路公司相關的改名趨勢資訊來自 "A Rose.Com by Any Other Name"from Cooper, Dimitrov, and Rau, September 17, 2000。

15. 關於網路泡沫最後幾天第二批上市公司的詳細資訊可以從很多資料來源看到,包括《華爾街日報》和《紐約時報》。

16. 關於網路的採用與美國線上的市占率資訊來自 Pew Research 和 www.NTIA.doc. gov。

17. 亞馬遜和雅虎的量化營收與盈餘數據來自公司的年報。

18. 傑克森法官對微軟濫用獨占權力的判決可以從美國司法部網站取得。其他關於這個案例的相關資訊可以從《紐約時報》《連線》雜誌、CNET.com 和彭博社取得。

19. "Judgement under Uncertainty: Heuristics and Biases" by Tversky and Kahneman which appeared in the journal *Science*, New Series, Vol. 185, No. 4157, on September 27, 1974,描述很多偏誤。第 1128 頁討論定錨與聯合國中非洲國家占比有多少的問題。有關聯合國中有多少國家來自非洲的當代數據來自聯合國網站:UN.org。

20. 特沃斯基和康納曼描述展望理論的重要論文是 "Prospect Theory: An Analysis of Decision Under Risk" and it first appeared in *Econometrica*, Volume 47, Number 2, March 1979。

21. 為了避免與網路泡沫相關,而把與網路相關的名字改掉的故事可見 "Managerial Actions in Response to a Market Downturn: Valuation Effects of Name Changes in the dot.com Decline" by Cooper, Khorana, Osobov, Patel, and Rau。庫柏教授提供這兩項研究中引用的公司名單。

## ◎ 大衰退

雷曼兄弟破產申請的相關資訊可從幾家媒體中取得，包括《華爾街日報》《市場觀察》（*MarketWatch*）和 CNN。一些細節來自實際的文件，包括：U.S. Bankruptcy Court, Southern District of New York, Bankruptcy Petition #: 08-13555-scc。

1.　關於「美國軍人權利法案」的資訊可以在美國國防部網站上找到。美國房貸市場和房屋所有權的歷史詳情請見作者的書 *A History of the United States in Five Crashes*，也請見 huduser.gov 和聖路易斯聯準會的 FRED 資料庫。

2.　引用的房價數字是根據 S&P CoreLogic Case/Shiller Home Price Indices。關於不動產抵押貸款證券市場的規模、匯豐銀行、新世紀金融公司、貝爾斯登和其他主題的詳細資訊來自多種來源，包括 2007 年 2 月 8 日卡里克‧莫倫坎普（Carrick Mollenkamp）在《華爾街日報》的文章、2007 年 4 月 2 日《紐約時報》的文章、2007 年 7 月 17 日 CNN 和另一篇《華爾街日報》的文章。

3.　房貸包裏和分券的故事已經被講過很多次，包括在 *A History of the United States in Five Crashes* 也提過。不動產抵押貸款證券的市場規模成長可以從 Statista.com 和世界銀行取得。

4.　貝爾斯登的避險基金、美林的參與，以及基金倒閉的詳情財經媒體都有報導，包括《華爾街日報》。關於美林的資訊有很多來源，包括公司和 2007 年 10 月 30 日的《紐約時報》。關於美國的國家金融服務公司看到即將有麻煩的文章來自 2005 年 7 月 25 日《華爾街日報》的報導。2007 年 8 月 6 日《華爾街日報》報導貝爾斯登共同總裁寫給客戶的說明，以及隨後的辭職故事。

5.　關於 2007 年 9 月和 10 月一連串的壞消息來自多個來源，包括《華爾街日報》、華頓商學院與聖路易斯聯邦準備銀行。關於高盛和擁有「第三級」資產數量的資訊來自美國證券交易委員會網站、高盛公司與 2007 年 10 月 10 日的《華爾街日報》。關於可以公平交易所來設定客觀價格來交易的證券比例故事來自蘇珊‧普利安（Susan Pulliam）、蘭迪‧史密斯（Randall Smith）、麥可‧斯可諾菲（Michael Siconolfi）2007 年 10 月 12 日在《華爾街日報》的報導。

6.　花旗集團對於持有不動產抵押貸款證券的安全性過度自信請見艾利克‧達西（Eric Dash）和朱莉‧克雷斯威爾（Julie Creswell）在《紐約時報》2008 年 11 月 22

日發表的一篇文章。北岩銀行失敗的故事包括 BBC.com 在內的許多媒體都報導過。美國國際集團可能參與拯救北岩集團的消息包括 BBC 和《華爾街日報》都在 2007 年 10 月 13 日發表的文章中談到。其他關於美國國際集團失敗的細節，包括它們陷入極大麻煩、讓人厭惡的引言來自很多來源，包括 All the Devils Are Here by Bethany McLean and Joe Nocera。有很多媒體提供美國國際集團不顧一切賣出信用違約交換與一派無知的詳細資訊，包括 "What Went Wrong at AIG" published by Northwestern University's Kellogg School of Management。

7. 關於對財務的關注與「鴕鳥效應」的資訊可以在一些學術論文中找到，包括 "The Ostrich Effect: Selective Attention to Information" by Karlsson, Loewenstein, and Seppi, published in 2009，以及 "Financial Attention" by Sicherman, Loewenstein, Seppi, and Utkus, published in 2015。關於注意力對散戶選擇股票的影響資訊，詳細的說明請見 "All That Glitters: The Effect of Attention and News on the Buying Behavior of Individual and Institutional Investors" by Barber and Odean, 2007。提到廣告和投資人參與之間的關係的論文是 "Advertising, Breadth of Ownership, and Liquidity" by Grullon, Kanatas, and Weston, April 2004。關於財報公布的時機和投資人關注的影響，詳細資訊可見 *Handbook of the Economics of Finance*, chapter 22, " The Behavior of Individual Investors" by Barber and Odean, page 1559。

8. 摩根士丹利的業績數據來自公司。《紐約時報》報導過美林證券 2007 年底和 2008 年初的業績、減記與努力募資的資訊，包括 2007 年 12 月 25 日、2008 年 1 月 2 日、2008 年 1 月 15 日、2008 年 1 月 17 日和 2008 年 1 月 18 日的報導。2008 年 1 月 21 日《華爾街日報》講述麻州春田市投資不動產抵押貸款證券的不幸遭遇。

9. 在化石森林國家公園的竊賊間出現從眾現象的故事請見 "Crafting Normative Messages to Protect the Environment," which appeared in *Current Directions in Psychological Science* by Robert B. Cialdini, 2003，以及 "The Science Behind Why People Follow the Crowd," which appeared in *Psychology Today*, May 24, 2017， 以及來自國家公園服務中心網站 NPS.gov。韓國投資人在 1997 年至 1998 年亞洲經濟危機期間的從眾行為請見 "Foreign Portfolio Investors Before and During a Crisis," NBER No. 6968, p. 9 and table 4。在評估立體形狀時認為自己是群體一員的從眾行為描述，可見 "Neurobiological Correlates of Social Conformity and Independence During Mental Rotation" by Berns, Chappelow, Zink, Pagnoni, Martin-Skurski, and Richards, 2005。

10. 椋鳥迷人的「從眾」傾向請見 "What Is a Starling Murmuration and Why Do They Form" by the Wildlife Trust for Lancashire, Manchester, and North Merseyside. 的描述。在 NPR.org 和其他管道中可以看到讓人目不轉睛的影片。

11. 關於美國國際集團減記資產的內部辯論請見 *A History of the United States in Five Crashes*。聯準會主席柏南克警告銀行可能破產的報導來自 2008 年 3 月 1 日的《華爾街日報》。從 2008 年春季以來的詳細資訊來自各種來源，包括《華爾街日報》《紐約時報》等等。

12. 幾篇學術論文已經研究過在很多環境下資訊超載的情況。對投資背景的研究最好的一篇是 "Asset Allocation and Information Overload: The Influence of Information Display, Asset Choice, and Investor Experience" by Agnew and Szykman, May 2004。

13. 幾個媒體講述過雷曼兄弟的歷史，包括企業金融學院（Corporate Finance Institute）。CNBC.com 和《華爾街日報》報導美林證券 2008 年夏天揮霍無度。2008 年 7 月 19 日，在華頓商學院的大蕭條時間表中，討論到房貸放款銀行和房地產開發商受到的刑事制裁。

14. 有很多地方談論過房利美和它的歷史，以及其他的政府贊助企業，包括 Huduser. gov、CNN、《華爾街日報》，以及曾經擔任財政部長的鮑爾森寫的書《崩解邊緣》（*On the Brink*）。

15. 雷曼兄弟申請破產保護和美國銀行併購美林證券的故事已經在《紐約時報》《華爾街日報》，以及安德魯‧羅斯‧索爾金（Andrew Ross Sorkin）的《大到不能倒》和《崩解邊緣》談到。

16. 托馬斯‧貝葉斯的研究和貝氏定理的使用在很多地方都有討論，一個很好的資料來源是 *The Theory That Would Not Die* by Sharon Bertsch McGrayne。

17. 康納曼和特沃斯基關於反應過度的論文是 "Intuitive Prediction: Biases and Corrective Procedures" and was published in June 1977，關於對股票分割反應過度的數據來自 "The Market Reaction to Stock Splits" by Lamoureaux and Poon，以及 "Volatility Increases Subsequent to Stock Splits: An Empirical Aberration" by Ohlson and Penman。凱因斯的名言來自他的重要作品《就業、利息與貨幣通論》第 138 頁。

18. 共同基金流量的數據來自美國投資公司協會。ETF 流量數據來自 Morningstar's "Morningstar Fund Flows and Investment Trends, Annual Report 2009"。

19. 關於投資人對過去表現一無所知的學術研究請見 "Why Inexperienced Investors Do Not Learn: They Do Not Know Their Past Portfolio Performance" by Glaser and Weber, 2007。芬蘭投資人和處分效應的研究請見 "Learning by Trading" by Seru, Shumway, and Stoffman which appeared in the *Review of Financial Studies*。

20. 在大衰退期間，房屋抵押品被查封的美國人數來自 2018 年 9 月 15 日的《洛杉磯時報》。

## 第 4 章　讓投資績效更好的清單

### ◎ 數據來源

道瓊工業指數和標準普爾 500 指數的數據來自標普道瓊指數公司。國庫券的數據來自耶魯大學，房價的數據使用標準普爾 CoreLogic Case-Shiller 全國房價指數。報酬與相關性是由作者計算。

1.　班納齊和塞勒的論文是 "Myopic Loss Aversion and the Equity Premium Puzzle," May 1993, NBER Working Paper No. 4369。他們對投資人專注於一年報酬的結論出現在第五頁。

2.　現狀偏誤的研究請參考 "Status Quo Bias in Decision Making" by William Samuelson and Richard Zeckhauser, which appeared in the *Journal of Risk and Uncertainty*, Vol. 1, No. 1 (March 1988), pp. 7–59。

3.　處分效應的描述請見 "The Disposition to Sell Winners Too Early and Ride Losers Too Long: Theory and Evidence" by Shefrin and Statman, 1985. 奧丁教授的論文是 "Are Investors Reluctant to Realize Their Losses?" which was published in December 1997。

4.　反應過度和狄邦特與塞勒的「贏家組合」投資標的與「輸家組合」投資標的的描述請見 "Does the Stock Market Overreact?" which appeared in *The Journal of Finance*, Vol. XL, No. 3, July 1985。

5.　對財務上後見之明偏誤的一個出色分析可見論文 "Hindsight Bias, Risk Perception, and Investment Performance" by Biais and Weber which appeared in *Management Science*, Vol. 55, No. 6, June 2009, pp. 1018–1029。

6.　過度自信已經被廣泛研究，包括在投資和金融領域。一個很好的例子是 "Leverage Overconfidence" by Barber, Huang, Ko, and Odean which was published in 2019。這篇論文描述多種方式會讓過度自信產生不良的投資行為與較差的報酬。

7.　關於地震與海嘯摧毀福島第一核電廠的詳細資訊來自 usgs.gov 網站上的美國地質調查局與其他來源。關於核子反應爐的資訊來自世界核子協會（World Nuclear Association）的網站 World-Nuclear.org。關於海洋輻射的數據來自伍茲霍爾海洋研究所（Woods Hole Oceanographic Institution）的網站 whoi.edu。

8.　關於商業航空旅行和汽車事故的死亡數據分別來自 Airlines for America at Airlines

.org 和 the Insurance Institute for Highway Safety at iihs.org。

9.  描述某些國內指數選擇權市場的現成偏誤論文是 "Why Are Put Options So Expensive" by Oleg Bondarenko, which was published in November 2003。

10.  損失趨避與展望理論有關，而且展望理論的基礎研究出現在前面稍早提到的康納曼和特沃斯基刊登在《計量經濟學期刊》（*Econometrica*）上的論文。1990 年獲得諾貝爾經濟學獎的哈利‧馬可維茲（Harry Markowitz）甚至更早研究損失趨避。馬可維茲的論文是 1952 年發表的 "The Utility of Wealth", and was published in 1952。

11.  柏南克提到聯準會在 1930 年代犯錯的論文是 "Nonmonetary Effects of the Financial Crisis in the Propagation of the Great Depression," which appeared in *The American Economic Review*, Vol. 73, No. 3, June 1983。

12.  對於從眾效應已經有大量的研究。有些研究的詳情可見 "Herd Behavior in Financial Markets: A Review" by Bikhchandani and Sharma, which is in the IMF Working Paper published in March 2000。詳細介紹韓國投資人間的從眾行為論文是 "Foreign Portfolio Investors Before and During a Crisis" by Kim and Wei in NBER Working Paper No. 6968。凱因斯觀察到我們現在正「預測一般人認為的一般意見是什麼」出現在《就業、利息與貨幣通論》第 156 頁。美國全國公共廣播電台的選美比賽現代版詳情可見發表在網站 NPR.org 的文章 "Our Cute Animal Experiment, Explained" which was published on January 11, 2011。

13.  關於反應過度的大部分細節來自 "Does the Stock Market Overreact" by De Bondt and Thaler，以及 "Do Security Analysts Overreact?" which is also by De Bondt and Thaler。

14.  投資的社會層面是一個相對較新的研究主題，不過席勒 1984 年的論文是 "Stock Prices and Social Dynamics" 1984, p. 457。關於羅伯特‧普萊切特的資訊來自 Elliottwave.com 和 1987 年 10 月 23 日的《芝加哥論壇報》。

15.  關於「幻想標的」的資訊可以在前面引述的塔克特和塔夫勒的論文中找到。

16.  情感對投資人人的影響在 Affect, Media, and Earthquakes: Determinants of Crash Beliefs From Investor Surveys" by Goetzman, Kim, and Shiller, 2017 有詳細解釋。

17.  對定錨效應的經典研究可見 "Judgement Under Uncertainty: Heuristics and Biases" by Tversky and Kahneman, which appeared in *Science* magazine, No. 185, pp. 1124–1131。另一篇有趣的論文是 "Reference-Point Formation and Updating" by Baucells, Weber, and Welfens, which was published in 2011。

18. 主流媒體寫過很多關於 1960 年代漂亮 50 股票的報導。這個漂亮 50 股票不應該與印度國家證券交易所上市、代表印度股票指數的 Nifty 50 混淆。我們提到的漂亮 50 股票在《富比世》雜誌和莫波納學院（Pomona College）的傑夫・芬瑟邁爾（Jeff Fesenmaier）教授和蓋瑞・史密斯（Gary Smith）教授廣泛討論過。漂亮 50 的股票價格來自芝加哥大學的證券價格研究中心、本益比數據來自華頓商學院研究數據服務中心。

19. 介紹短視損失趨避的論文是 "Myopic Loss Aversion and the Equity Premium Puzzle" by Shlomo Benartzi and Richard Thaler, which was published as NBER Working Paper No. 4369 in May 1993。其他重要的論文包括 "Can Myopic Loss Aversion Explain the Equity Premium Puzzle? Evidence from a Natural Field Experiment with Professional Traders" by Larson, List, and Metcalfe from September 2016　以　及 "The Effect of Myopia and Loss Aversion on Risk Taking: An Experimental Test" by Thaler, Tversky, Kahneman and Schwartz, which was published in May 1997 in *The Quarterly Journal of Economics*。

20. 包括紐約證券交易所每年周轉率的交易數據來自聖路易斯聯準會的 FRED 資料庫。關於對過度交易的損害進行量化的研究詳情可以參考 "The Behavior of Individual Investors" which is chapter 22 of the *Handbook of the Economics of Finance*. It was written by Barber and Odean in 2013 and the details appear on page 1540。

www.booklife.com.tw　　　　　　　　　　　　　reader@mail.eurasian.com.tw

商戰 226

# 焦慮的投資人：

## 戰勝恐懼、貪婪、希望和無知，充分利用金錢創造財富

作　　者／史考特‧納遜斯（Scott Nations）
譯　　者／徐文傑
發 行 人／簡志忠
出 版 者／先覺出版股份有限公司
地　　址／臺北市南京東路四段50號6樓之1
電　　話／（02）2579-6600‧2579-8800‧2570-3939
傳　　真／（02）2579-0338‧2577-3220‧2570-3636
總 編 輯／陳秋月
資深主編／李宛蓁
責任編輯／林淑鈴
校　　對／劉珈盈‧林淑鈴
美術編輯／林雅錚
行銷企畫／陳禹伶‧黃惟儂
印務統籌／劉鳳剛‧高榮祥
監　　印／高榮祥
排　　版／陳采淇
經 銷 商／叩應股份有限公司
郵撥帳號／18707239
法律顧問／圓神出版事業機構法律顧問　蕭雄淋律師
印　　刷／祥峯印刷廠
2022 年 8 月 1 日 初版

定價 420 元　　　　　ISBN 978-986-134-427-0　　　版權所有‧翻印必究

泡沫破滅的時候，「失去了龐大的財富」是固定會出現的台詞。
但是，財富本來就沒有變多，只是妄想變大而已。

——《金錢的另一端是「人」》

◆ **很喜歡這本書，很想要分享**

圓神書活網線上提供團購優惠，
或洽讀者服務部 02-2579-6600。

◆ **美好生活的提案家，期待為您服務**

圓神書活網 www.Booklife.com.tw
非會員歡迎體驗優惠，會員獨享累計福利！

國家圖書館出版品預行編目資料

焦慮的投資人：戰勝恐懼、貪婪、希望和無知，充分利用金錢創造財富／
史考特‧納遜斯（Scott Nations）著；徐文傑譯
-- 初版. --臺北市：先覺，2022.08
304 面；14.8 × 20.8公分 （商戰系列：226）
譯自：THE ANXIOUS INVESTOR: MASTERING THE MENTAL GAME OF
　　　 INVESTING
ISBN　978-986-134-427-0 （平裝）
1.CST：理財　2.CST：個人理財
563　　　　　　　　　　　　　　　　　　　　 111009603